VOYAGES

EN

FRANCE,

ORNÉS DE GRAVURES,

AVEC DES NOTES

PAR LAMÉSANGÈRE.

Les gravures sont de LE MIRE, BERTHAULT,
GAUCHER, DUVAL.

A PARIS,

Chez {
CHAIGNIEAU aîné, imp.-lib.,
rue de Chartres, n°. 343.
DEYAUX, libraire, même rue,
n°. 382.
}

Hélas! que l'on seroit heureux
Dans ce beau lieu digne d'envie
Si toujours aimé de Silvie
L'on pouvoit toujours amoureux
Avec elle passer la vie?

Voyage de Chapelle

B.R

Duval Sculp.

VOYAGE

DE

CHAPELLE

ET DE

BACHAUMONT.

A PARIS,

IMPRIMERIE DE CHAIGNIEAU AÎNÉ.

L'AN IV.

CHAPELLE

Le Brun pinx.  C. S. Gaucher inv. s R f

CHAPELLE.

CLAUDE-EMMANUEL LUILLIER, fils naturel d'un maître des comptes, fut surnommé Chapelle, parce qu'il était né dans le village de la Chapelle, entre Paris et Saint-Denis. La légéreté de son esprit et l'enjouement de son caractère le firent rechercher des personnes du premier rang et des gens-de-lettres les plus célèbres. Racine, Boileau, Molière et la Fontaine l'eurent pour conseil et pour ami. On trouve dans ses productions l'empreinte de son caractère, mêlé de mollesse, de plaisanterie, et quelquefois de malignité. Son Voyage, composé avec Bachaumont, est le premier modèle de cette poésie aimable et facile qu'inspirent le plaisir et l'indolence : on y desirerait plus de correction ; mais les négligences sont pardonnables quand on dit des riens avec tant d'esprit. Cet aimable épicurien mourut à Paris en 1686, âgé d'environ 70 ans. Il était petit, maigre et fluet.

BACHAUMONT.

BACHAUMONT (François le Coigneux de), fils d'un président-à-mortier au parlement de Paris, fut conseiller-clerc de cette compagnie. Ennuyé de prendre part aux troubles de la Fronde, il se livra tout entier à ses amis, pour vivre avec eux dans une voluptueuse oisiveté. Le fameux Chapelle tint le premier rang dans son cœur. Leurs loisirs, partagés entre la poésie, l'amour et le vin, nous ont procuré la charmante relation de leur Voyage de Languedoc.

On trouve dans la tirade suivante l'empreinte de ce coloris qui manquait à Chapelle :

» Sous ce berceau qu'amour exprès
» Fit pour toucher quelque inhumaine, etc.

Bachaumont mourut à Paris en 1702, à l'âge de 78 ans. Ce fut lui qui forma la célèbre Mme de Lambert, dont il avait épousé la mère.

VOYAGE

DE

CHAPELLE

ET DE

BACHAUMONT.

———————

C'EST en vers que je vous écris,
Messieurs les deux frères, nourris
Aussi bien que gens de la ville;
Aussi voit-on plus de perdrix
En dix jours chez vous, qu'en dix mille
Chez les plus friands de Paris.

Vous vous attendez à l'histoire
De ce qui nous est arrivé
Depuis que, par le long pavé
Qui conduit aux rives de Loire,
Nous partîmes pour aller boire
Les eaux, dont je me suis trouvé

1.

Assez mal, pour vous faire croire
Que les destins ont réservé
Ma guérison et cette gloire
Au remède tant éprouvé,
Et par qui, de fraîche mémoire,
Un de nos amis s'est sauvé
Du bâton à pomme d'ivoire.

Vous ne serez pas frustrés de votre attente ; et vous aurez, je vous assure, une assez bonne relation de nos aventures ; car M. de Bachaumont, qui m'a surpris comme j'en commençais une mauvaise, a voulu que nous la fissions ensemble ; et j'espère qu'avec l'aide d'un si bon second, elle sera digne de vous être envoyée.

CHAPELLE.

CONTRE le serment solennel que nous avions fait, M. Chapelle et moi,

d'être si fort unis dans le voyage,
que toutes choses seraient en commun, il n'a pas laissé, par une distinc-
tion philosophique, de prétendre en
pouvoir séparer ses pensées ; et ,
croyant y gagner, il s'était caché de
moi pour vous écrire. Je l'ai surpris
sur le fait, et n'ai pu souffrir qu'il
eût seul cet avantage. Ses vers m'ont
paru d'une manière si aisée, que,
m'étant imaginé qu'il était bien facile
d'en faire de même,

> Quoique malade et paresseux,
> Je n'ai pu m'empêcher de mettre
> Quelques-uns des miens avec eux.
> Ainsi le reste de la lettre
> Sera l'ouvrage de tous deux.

Bien que nous ne soyons pas tout-
à-fait assurés de quelle façon vous
avez traité notre absence, et si vous

méritez le soin que nous prenons de vous rendre ainsi compte de nos actions; nous ne laissons pas néanmoins de vous envoyer le récit de tout ce qui s'est passé dans notre voyage, si particulier, que vous en serez assurément satisfaits. Nous ne vous ferons point souvenir de notre sortie de Paris, car vous en fûtes témoins; et peut-être même que vous trouvâtes étrange de ne voir sur nos visages que des marques d'un médiocre chagrin. Il est vrai que nous reçûmes vos embrassemens avec assez de fermeté, et nous parûmes sans doute bien philosophes

Dans les assauts et les alarmes
Que donnent les derniers adieux;
Mais il fallut rendre les armes,
En quittant tout de bon ces lieux,

Qui pour nous avaient tant de charmes;
Et ce fut lors, que de nos yeux
Vous eussiez vu couler des larmes.

Deux petits cerveaux desséchés n'en peuvent pas fournir une grande abondance, aussi furent-elles en peu de temps essuyées; et nous vîmes le Bourg-la-Reine d'un œil sec. Ce fut en ce lieu que nos pleurs cessèrent, et que notre appétit s'aiguisa. Mais l'air de la campagne l'avait rendu si grand dès sa naissance, qu'il devint tout-à-fait pressant vers Antoni, et presque insupportable à Long-Ju-meau. Il nous fut impossible de passer outre, sans l'appaiser auprès d'une fontaine, dont l'eau paraissait la plus claire et la plus vive du monde.

Là, deux perdrix furent tirées
D'entre les deux croûtes dorées

D'un bon pain rôti, dont le creux
Les avait jusques-là serrées ;
Et d'un appétit vigoureux
Toutes deux furent dévorées,
Et nous firent mal à tous deux.

Vous ne croirez pas aisément que des estomacs aussi bons que les nôtres aient eu de la peine à digérer deux perdrix froides ; voilà pourtant, en vérité, la chose comme elle est. Nous en fûmes toujours incommodés jusqu'à Saint-Euverte, où nous couchâmes, deux jours après notre départ, sans qu'il arrivât rien qui mérite de vous être mandé. Vous savez le long séjour que nous y fîmes ; et vous savez encore que M. Boyer, dont tous les jours nous espérions l'arrivée, en fut la cause. Des gens qu'on oblige d'attendre, et qu'on tient si long-temps en incertitude, ont apparemment de

méchantes heures; mais nous trouvâmes moyen d'en avoir de bonnes
dans la conversation de M. l'évêque
d'Orléans, que nous avions l'honneur de voir assez souvent, et dont
l'entretien est tout-à-fait agréable.
Ceux qui le connaissent vous auront
pu dire que c'est un des plus honnêtes
hommes de France; et vous en serez
entièrement persuadés, quand nous
vous apprendrons qu'il a

> L'esprit et l'ame d'un Delbène,
> C'est-à-dire avec la bonté,
> La douceur et l'honnêteté
> D'une vertu mâle et romaine
> Qu'on respecte en l'antiquité.

Nos soirées se passaient le plus
souvent sur les bords de la Loire; et
quelquefois nos après-dînées, quand
la chaleur était plus grande, dans les

routes de la forêt, qui s'étend du côté de Paris. Un jour, pendant la canicule, à l'heure que le chaud est le plus insupportable, nous fûmes bien surpris d'y voir arriver une manière de courier assez extraordinaire,

Qui, sur une mazette outrée,
Bronchant à tout moment, trottait.
D'ours sa casaque était fourrée,
Comme le bonnet qu'il portait;
Et le cavalier rare était
Tout couvert de toile-cirée,
Qui, fondant, par-tout dégouttait.
Aussi l'on peint dans des tableaux
Un Icare tombant des nues,
Où l'on voit dans l'air épandues
Ses ailes de cire en lambeaux,
Par l'ardeur du soleil fondues,
Choir autour de lui dans les eaux.

La comparaison d'un homme qui tombe des nues, avec un qui court

la

la poste, vous paraîtra peut-être bien hardie : mais, si vous aviez vu le tableau d'un Icare, que nous trouvâmes quelques jours après dans une hôtellerie, cette vision vous serait venue comme à nous, ou tout au moins vous semblerait excusable. Enfin, de quelque façon que vous la receviez, elle ne saurait paraître plus bizarre que le fut à nos yeux la figure de ce cavalier, qui était par hasard notre ami d'Aubeville. Quoique notre joie fût extrême dans ce rencontre, nous n'osâmes pourtant pas nous hasarder de l'embrasser en l'état qu'il était. Mais sitôt

Qu'au logis il fut retiré,
Débotté, frotté, déciré,
Et qu'il nous parut délassé,
Il fut, comme il faut, embrassé.

Nous écrivîmes en ce temps-là comme, après avoir attendu l'homme que vous savez inutilement, nous résolûmes enfin de partir sans lui. Il fallut avoir recours à Blavet pour notre voiture, n'en pouvant trouver de commodes à Orléans. Le jour qu'il nous devait arriver un carrosse de Paris, nous reçûmes une lettre de M. Boyer, par laquelle il nous assurait qu'il viendrait dedans, et que ce soir-là nous souperions ensemble. Après donc avoir donné les ordres nécessaires pour le recevoir, nous allâmes au-devant de lui. A cent pas des portes parut, le long du grand chemin, une manière de coche fort délabré, tiré par quatre vilains chevaux, et conduit par un vrai cocher de louage.

Un équipage en si mauvais ordre

ne pouvait être ce que nous cher-
chions; et nous en fûmes assurés,
quand deux personnes, qui étaient
dedans, ayant reconnu nos livrées,
firent arrêter;

> Et lors sortit avec grands cris
> Un béquillard d'une portière,
> Fort basané, sec et tout gris,
> Béquillant de même manière
> Que Boyer béquille à Paris.

A cette démarche, qui n'eût cru
voir M. Boyer? et cependant c'était
le petit duc avec M. Potel. Ils s'é-
taient tous deux servis de la commo-
dité de ce carrosse; l'un pour aller à
la maison de M. son frère auprès de
Tours, et l'autre à quelques affaires
qui l'appelaient dans le pays. Après
les civilités ordinaires, nous retour-
nâmes tous ensemble à la ville, où

nous lûmes une lettre d'excuse qu'ils apportaient de la part de M. Boyer; et cette fâcheuse nouvelle nous fut depuis confirmée de bouche par ces messieurs. Ils nous assurèrent que, nonobstant la fièvre qui l'avait pris malheureusement cette nuit-là, il n'eût pas laissé de partir avec eux, comme il avait promis, si son médecin, qui se trouva chez lui par hasard à quatre heures du matin, ne l'en eût empêché. Nous crûmes sans beaucoup de peine que, puisqu'il ne venait pas après tant de sermens, il était assurément

> Fort malade et presque aux abois;
> Car on peut, sans qu'on le cajole,
> Dire, pour la première fois,
> Qu'il aurait manqué de parole.

Il fallut donc se résoudre à marcher

sans M. Boyer. Nous en fûmes d'abord
un peu fâchés; mais, avec sa permission, en peu de temps consolés.
Le souper, préparé pour lui, servit à
régaler ceux qui vinrent à sa place;
et le lendemain, tous ensemble, nous
allâmes coucher à Blois. Durant le
chemin, la conversation fut un peu
goguenarde; aussi étions-nous avec
des gens de bonne compagnie. Étant
arrivés, nous ne songeâmes d'abord
qu'à chercher M. Colomb. Après une
si longue absence, chacun mourait
d'envie de le voir. Il était dans une
hôtellerie avec M. le président le
Bailleul, faisant si bien l'honneur de
la ville, qu'à peine nous pût-il donner
un moment pour l'embrasser. Mais le
lendemain, à notre aise, nous renou-
velâmes une amitié qui, par le peu
de commerce que nous avions eu de-

puis trois années, semblait avoir été
interrompue. Après mille questions,
faites toutes ensemble, comme il arrive ordinairement dans une entrevue
de fort bons amis qui ne se sont pas
vus depuis long-temps, nous eûmes,
quoiqu'avec un extrême regret, curiosité d'apprendre de lui, comme de la
personne la plus instruite, et que nous
savons avoir été le seul témoin de
tout le particulier,

Ce que fit en mourant notre pauvre ami Blot,
Et ses moindres discours et sa moindre pensée.
La douleur nous défend d'en dire plus d'un mot.
Il fit tout ce qu'il fit, d'une ame bien sensée.

Enfin, ayant causé de beaucoup
d'autres choses qu'il serait trop long
de vous dire, nous allâmes ensemble
faire la révérence à son altesse (1)
royale, et de-là dîner chez lui avec

monsieur et madame la présidente
le Bailleul,

Là d'une obligeante manière,
D'un visage ouvert et riant,
Il nous fit bonne et grande chère,
Nous donnant, à son ordinaire,
Tout ce que Blois a de friand.

Son couvert était le plus propre du
monde ; il ne souffrait pas sur sa
nappe une seule miette de pain. Des
verres bien rincés, de toutes sortes de
figures , brillaient sans nombre sur
son buffet , et la glace était tout autour en abondance.

En ce lieu seul nous bûmes frais ;
Car il a trouvé des merveilles
Sur la glace et sur les banquets,
Et pour empêcher les bouteilles
D'être à la merci des laquais.

Sa salle était parée pour le ballet

du soir; toutes les belles de la ville
priées; tous les violons de la province
assemblés; et tout cela se faisait pour
divertir madame le Bailleul.

> Et cette belle présidente
> Nous parut si bien ce jour-là,
> Qu'elle en devait être contente.
> Assurément elle effaça
> Tant de beautés qu'à Blois on vante.

Ni la bonne compagnie, ni les
divertissemens qui se préparaient,
ne purent nous empêcher de partir
incontinent après le dîner. Amboise
devait être notre couchée; et, comme
il était déja tard, nous n'eûmes que
le temps qu'il fallait pour y pouvoir
arriver. La soirée s'y passa fort mé-
lancoliquement dans le déplaisir de
n'avoir plus à voyager sur la levée et
sur la vue de cette agréable rivière,

Qui par le milieu de la France,
Entre les plus heureux côteaux,
Laisse en paix répandre ses eaux,
Et porte par-tout l'abondance
Dans cent villes et cent châteaux,
Qu'elle embellit de sa présence.

Depuis Amboise jusqu'à Fontallade, nous vous épargnerons la peine
de lire les incommodités de quatre
méchans gîtes, et à nous le chagrin
d'un si fàcheux ressouvenir. Vous saurez seulement que la joie de M. de
Lussan ne parut pas petite, de voir
arriver chez lui des personnes qu'il
aimait si tendrement; mais, nonobstant la beauté de sa maison et sa
grande chère, il n'aura que les cinq
vers que vous avez déja vus.

Ni les pays où croît l'encens,
Ni ceux d'où vient la cassonade,

Ne sont point pour charmer les sens,
Ce qu'est l'aimable Fontallade
Du tendre et commode Lussans.

Il ne se contenta pas de nous avoir
si bien reçus chez lui, il voulut encore nous accompagner jusqu'à Blaye.
Nous nous détournâmes un peu de
notre chemin, pour aller rendre tous
ensemble nos devoirs à M. le marquis
de Jonzac son beau-frère. Un compliment de part et d'autre décida la
visite ; et de toutes les offres qu'il
nous fit, nous n'acceptâmes que des
perdreaux et du pain tendre. Cette
provision nous fut assez nécessaire,
comme vous allez voir :

Car entre Blaye et Jonzac
On ne trouve que Croupignac.
Le Croupignac est très-funeste ;
Car le Croupignac est un lieu

Où six mourans faisaient le reste
De cinq ou six cents que la peste
Avait envoyés devant Dieu;
Et ces six mourans s'étaient mis
Tous six dans un même logis.
Un septième, soi-disant prêtre,
Plus pestiféré que les six,
Les confessait par la fenêtre,
De peur, disait-il, d'être pris
D'un mal si fâcheux et si traître.

Ce lieu, si dangereux et si misé-
rable, fut traversé brusquement; et
n'espérant pas trouver de village, il
fallut se résoudre à manger sur l'herbe, où les perdreaux et le pain tendre
de M. de Jonzac furent d'un grand
secours. Ensuite d'un repas si cavalier, continuant notre chemin, nous
arrivâmes à Blaye, mais si tard, et le
lendemain nous en partîmes si matin,
qu'il nous fut impossible d'en remarquer la situation qu'avec la clarté des

étoiles. Le montant, qui commençait de très-bonne heure, nous obligeait à cette diligence. Après donc avoir dit mille adieux à Lussan et reçu mille baisers de lui, nous nous embarquâmes dans une petite chaloupe, et voguâmes long-temps avant le jour :

> Mais sitôt que par son flambeau
> La lumière nous fut rendue,
> Rien ne s'offrit à notre vue
> Que le ciel, et notre bateau
> Tout seul dans la vaste étendue
> D'une affreuse campagne d'eau.

La Garonne est effectivement si large depuis qu'au bec des landes d'Ambez elle est jointe avec la Dordogne, qu'elle ressemble tout-à-fait à la mer, et ses marées montent avec tant d'impétuosité, qu'en moins de quatre heures nous fîmes le trajet ordinaire;

Et

Et vîmes au milieu des eaux
Devant nous paraître Bordeaux,
Dont le port en croissant resserre
Plus de barques et de vaisseaux,
Qu'aucun autre port de la terre,

Sans mentir, la rivière était alors si couverte, que notre felouque eut bien de la peine à trouver une place pour aborder. La foire, qui se devait tenir dans peu de jours, avait attiré cette grande quantité de navires et de marchands, quasi de toutes les nations, pour charger les vins de ce pays;

Car ce fâcheux et rude port
En cette saison a la gloire
De donner tous les ans à boire
Presque à tous les peuples du Nord.

Ces messieurs emportent de là tous les ans une effroyable quantité de vins : mais ils n'emportent pas les meilleurs. On les traite d'Allemands ; et nous apprîmes qu'il était défendu, non - seulement de leur en vendre pour enlever, mais encore de leur en laisser boire dans les cabarets. Après être descendus sur la grève et avoir admiré quelque temps la situation de cette ville, nous nous retirâmes au Chapeau-Rouge, où M. Talleman nous vint prendre aussitôt qu'il sut notre arrivée. Depuis ce moment, nous ne nous retirâmes dans notre logis, pendant notre séjour à Bordeaux, que pour y coucher. Les journées se passaient le plus agréablement du monde chez M. l'intendant; car les plus honnêtes gens de la ville n'ont pas d'autre réduit que sa maison. Il a trouvé même que la plupart étaient ses cousins; et on le croi=

rait plutôt le premier président de la
province, que l'intendant. Enfin, il
est toujours le même que vous l'avez
vu, hormis que sa dépense est plus
grande. Mais pour madame l'inten-
dante, nous vous dirons en secret
qu'elle est tout-à-fait changée.

Quoique sa beauté soit extrême,
Qu'elle ait toujours ce grand œil bleu,
Plein de douceur et plein de feu,
Elle n'est pourtant plus la même;
Car nous avons appris qu'elle aime,
Et qu'elle aime bien fort le jeu.

Elle, qui ne connaissait pas autrefois les cartes, passe maintenant des
nuits au lansquenet. Toutes les femmes de la ville sont devenues joueuses
pour lui plaire : elles viennent régu-
lièrement chez elle pour la divertir;
et qui veut voir une belle assemblée,

n'a qu'à lui rendre visite, Mademoiselle du Pin se trouve toujours là bien à propos, pour entretenir ceux qui n'aiment point le jeu. En vérité, sa conversation est si fine et si spirituelle, que ce ne sont point les plus mal partagés. C'est là que messieurs les Gascons apprennent le bel air et la belle façon de parler:

Mais cette agréable du Pin,
Qui dans sa manière est unique,
A l'esprit méchant et bien fin;
Et si jamais Gascon s'en pique,
Gascon fera mauvaise fin.

Au reste, sans faire ici les goguenards sur messieurs les Gascons, puisque Gascons y a, nous commencions nous-mêmes à courir quelque risque; et notre retraite un peu précipitée ne fut pas mal-à-propos.

Voyez pourtant quel malheur! nous
nous sauvons de Bordeaux, pour
donner deux jours après dans Agen;

> Agen, cette ville fameuse,
> De tant de belles le séjour,
> Si fatale et si dangereuse
> Aux cœurs sensibles à l'amour.

> Dès qu'on en approche l'entrée,
> On doit bien prendre garde à soi;
> Car tel y va de bonne foi
> Pour n'y passer qu'une journée,
> Qui s'y sent, par je ne sais quoi,
> Arrêté pour plus d'une année.

Un nombre infini de personnes y
ont même passé le reste de leur vie
sans en pouvoir sortir. Le fabuleux
palais d'Armide ne fut jamais si re-
doutable. Nous y trouvâmes M. de
Saint-Luc arrêté depuis six mois,
Nort depuis quatre années, et d'Ortis
depuis six semaines; et ce fut lui qui

3.

nous instruisit de toutes ces choses, et qui voulut absolument nous faire connaître les enchanteresses de ce lieu. Il pria donc toutes les belles de la ville à souper; et tout ce qui se passa dans ce magnifique repas nous fit bien connaître que nous étions dans un pays enchanté. En vérité, ces dames ont tant de beauté, qu'elles nous surprirent dans leur premier abord; et tant d'esprit, qu'elles nous gagnèrent dès la première conversation. Il est impossible de les voir, et de conserver sa liberté; et c'est la destinée de tous ceux qui passent en ce lieu-là. s'ils ont la permission d'en sortir, d'y laisser au moins leur cœur pour ôtage d'un prompt retour.

Ainsi donc qu'avaient fait les autres,
Il fallut y laisser les nôtres;

« Là, tous deux ils nous furent pris :
Mais, n'en déplaise à tant de belles,
Ce fut par l'aimable d'Ortis,
Aussi nous traita-t-il mieux qu'elles.

Cela ne se fit assurément que sous leur bon plaisir. Elles ne lui envièrent point cette conquête; et, nous jugeant apparemment très-infirmes, elles ne daignèrent pas employer le moindre de leurs charmes pour nous retenir. Aussi, le lendemain de grand matin trouvâmes-nous les portes ouvertes et les chemins libres; de sorte que rien ne nous empêcha de gagner Encosse sur les coureurs que M. de Chemeraut nous avait promis, et qui nous attendaient depuis un mois à Agen. C'est de ce véritable ami, qu'on peut assurer

Et dire, sans qu'on le cajole,
Qu'il sait bien tenir sa parole.

Encosse est un lieu dont nous ne vous entretiendrons guères ; car, excepté ses eaux qui sont admirables pour l'estomac, rien ne s'y rencontre. Il est au pied des Pyrénées, éloigné de tout commerce ; et l'on n'y peut avoir autre divertissement, que celui de voir revenir sa santé. Un petit ruisseau, qui serpente à vingt pas du village entre des saules et des prés les plus verts qu'on puisse s'imaginer, était toute notre consolation. Nous allions, tous les matins, prendre nos eaux en ce bel endroit, et les après-dînées nous promener. Un jour que nous étions sur les bords assis sur l'herbe, et que, nous ressouvenant des hautes marées de la Garonne, dont nous avions la mémoire encore assez fraîche, nous examinions les raisons que donnent Descartes et Gassendi

du flux et du reflux, sortit tout-d'un-
coup, d'entre les roseaux les plus pro-
ches, un homme qui nous avait apparemment écoutés. C'était

Un vieillard tout blanc, pâle et sec,
Dont la barbe et la chevelure
Pendaient plus bas que la ceinture;
Ainsi l'on peint Melchisedec.

Ou plutôt telle est la figure
D'un certain vieux évêque grec,
Qui, faisant le salamelec,
Dit à tous la bonne aventure;

Car il portait un chapiteau
Comme un couvercle de lessive,
Mais d'une grandeur excessive
Qui lui tenait lieu de chapeau.

Et ce chapeau, dont les grands bords
Allaient tombant sur ses épaules,
Était fait de branches de saules,
Et couvrait presque tout son corps.

Son habit de couleur verdâtre
Etait d'un tissu de roseaux ;
Le tout couvert de gros morceaux
D'un crystal épais et bleuâtre.

A cette apparition, la peur nous
fit faire deux signes de croix et trois
pas en arrière ; mais la curiosité pré-
valut sur la crainte, et nous résolûmes, bien qu'avec quelques petits
battemens de cœur, d'attendre le
vieillard extraordinaire, dont l'abord
fut tout-à-fait gracieux, et qui nous
parla fort civilement de cette sorte :

« Messieurs, je ne suis point surpris
» Que de ma rencontre imprévue
» Vous ayez un peu l'ame émue ;
» Mais lorsque vous aurez appris
» En quel rang les destins ont mis
» Ma naissance à vous inconnue,
» Vous rassurerez vos esprits.

» Je suis le dieu de ce ruisseau,
» Qui, d'une urne jamais tarie,
» Qui penche au pied de ce côteau,
» Prends le soin dans cette prairie
» De verser incessamment l'eau
» Qui la rend si verte et fleurie.

» Depuis huit jours matin et soir
» Vous me venez réglément voir,
» Sans croire me rendre visite.
» Ce n'est pas que je ne mérite
» Que l'on me rende ce devoir;
» Car enfin j'ai cet avantage,
» Qu'un canal si clair et si net
» Est le lieu de mon appanage.
» Dans la Gascogne un tel partage
» Est bien joli pour un cadet.

» Aussi l'avez-vous trouvé tel,
» Louant mes bords et ma verdure;
» Ce qui me plaît, je vous assure,
» Plus qu'une offrande ou qu'un autel;
» Et tout-à-l'heure, je le jure,
» Vous en serez, foi d'immortel,
» Récompensés avec usure.

» Dans ce petit vallon champêtre
» Soyez donc les très-bien venus,
» Chacun de vous y sera maître;
» Et puisque vous voulez connaître
» Les causes du flux et reflux,
» Je vous instruirai là-dessus,
» Et vous ferai bientôt paraître
» Que les raisonnemens cornus
» De tout temps sont les attributs
» De la faiblesse de votre être;

» Car tous les dits et les redits
» De ces vieux rêveurs de jadis
» Ne sont que contes d'Amadis.
» Même dans vos sectes dernières,
» Les Descartes, les Gassendis,
» Quoiqu'en différentes manières,
» Et plus heureux et plus hardis
» A fouiller les causes premières,
» N'ont jamais traité ces matières
» Que comme de vrais étourdis.

» Moi qui sais le fin de ceci,
» Comme étant chose qui m'importe,
» Pour vous mon amour est si forte,
» Qu'après en avoir éclairci
» Votre

» Votre esprit, de si bonne sorte
» Qu'il n'en soit jamais en souci,
» Je veux que la docte cohorte
» Vous en doive le grand-merci ».

Il nous prit lors tous deux par la main, et nous fit asseoir sur le gazon à ses côtés. Nous nous regardions assez souvent sans rien dire, fort étonnés de nous voir en conversation avec un fleuve ; mais tout-d'un-coup

Il se moucha, cracha, toussa,
Puis en ces mots il commença :

« Lorsque l'onde en partage échut
» Au frère du grand dieu qui tonne,
» L'avénement a la couronne
» De ce nouveau monarque fut
» Publié par-tout, et fallut
» Que chaque dieu fleuve en personne
» Allât lui porter son tribut.
» Dans ce rencontre la Garonne
» Entre tous les autres parut,

4

» Mais si brusque et si fanfarone,
» Que sa démarche lui déplut ;
» Et le puissant dieu résolut
» De châtier cette gascone
» Par quelque signalé rebut.

» De fait, il en fit peu de cas,
» Quand elle lui vint rendre hommage.
» Il se renfrogna le visage,
» Et la traita du haut en bas.

» Mais elle, au lieu de l'appaiser,
» Ayant pris soin d'apprivoiser,
» Avec la puissante Dordogne,
» Mille autres fleuves de Gascogne,
» Sembla le vouloir offenser.

» Lui, d'une orgueilleuse manière,
» Comme il a l'humeur fort altière,
» Amèrement s'en courrouça ;
» Et, d'une mine froide et fière,
» Deux fois si loin la repoussa,
» Que cette insolente rivière
» Toutes les deux fois rebroussa
» Plus de six heures en arrière.

» Bien qu'au vrai cette témérai e,
» Se fût attiré sur les bras
» Un peu follement cette affaire,
» Les grands Fleuves ne crurent pas
» Devoir, en un tel embarras,
» Se séparer de leur confrère,
» Ni l'abandonner ; au contraire,
» Ils en murmurèrent tout bas,
» Accusant le roi trop sévère.

» Mais lui, branlant ses cheveux blancs
» Tout dégouttans de l'onde amère,
« Taisez-vous, dit-il, insolens, »
» Ou vous saurez en peu de temps »
» Ce que peut Neptune en colère. »

» Sur-le champ, au lieu de se taire,
» Plus haut encore on murmura.
» Le dieu lors en furie entra,
» Son trident par trois fois serra,
» Et trois fois par le Styx jura :
« Quoi donc ! ici l'on osera »
» Dire hautement ce qu'on voudra ! »
» Chaque petit dieu glosera »
» Sur ce que Neptune fera ! »

» PER DIO QUESTO NON SARA. »
» Chacun d'eux s'en repentira, »
» Et pareil traitement aura; »
» Car deux fois par jour on verra »
» Qu'à sa source on retournera, »
» Et deux fois mon courroux fuira; »
» Mais plus loin que pas un ira, »
» Celui qui, pour son malheur, a »
» Causé tout ce desordre-là; »
» Et cet exemple durera »
» Tant que Neptune régnera. »

» A ce dieu du moite élément,
» Les rebelles lors se soumirent;
» Et, quoique grondant, obéirent
» Par force à ce commandement.

» Voilà ce qu'on n'a jamais su,
» Et ce que tout le monde admire.
» Aussi, nous avions résolu,
» Pour notre honneur, de n'en rien dire;
» Mais aujourd'hui vous m'avez plu
» Si fort, que je n'ai jamais pu
» M'empêcher de vous en instruire. »

Il n'eut pas achevé ces mots, qu'il s'écoula d'entre nous deux, mais si vîte, qu'il était à vingt pas de nous avant que nous nous en fussions apperçus. Nous le suivîmes le plus légérement que nous pûmes ; et voyant qu'il était impossible de l'attraper, nous lui criâmes plusieurs fois :

» Eh ! monsieur le Fleuve, arrêtez !
» Ne vous en allez pas si vîte !
» Eh ! de grace, un mot ! écoutez ! »
Mais il se remit dans son gîte,

et rentra dans ces mêmes roseaux dont nous l'avions vu sortir. Nous allâmes en vain jusqu'à cet endroit ; car le bon-homme était déja tout fondu en eau quand nous arrivâmes, et sa voix n'était plus

Qu'un murmure agréable et doux ;
Mais cet agréable murmure

4.

N'est entendu que des cailloux.
Il ne le put être de nous ;
Et même, sans vous faire injure,
Il ne l'eût pas été de vous.

Après l'avoir appelé plusieurs fois inutilement, enfin la nuit nous obligea de retourner en notre logis, où nous fîmes mille réflexions sur cette aventure. Notre esprit n'était pas entièrement satisfait de cet éclaircissement ; et nous ne pouvions concevoir pourquoi, dans une sédition où tous les fleuves avaient trempé, il n'y en avait eu qu'une partie de châtiés. Nous revînmes plusieurs fois en ce même lieu, tant que nous demeurâmes à Encosse, pour y conjurer cet honnête fleuve de nous vouloir donner à ce sujet un quart-d'heure de conversation ; mais il ne parut plus ; et, nos eaux étant prises, le temps vint enfin de s'en aller.

Un carrosse, que M. le sénéchal d'Armagnac avait envoyé, nous mena bien à notre aise chez lui à Castille, où nous fûmes reçus avec tant de joie, qu'il était aisé de juger que nos visages n'étaient point désagréables au maître de la maison.

C'est chez cet illustre Fontrailles
Où les tourtes et les ortolans,
Les perdrix rouges et les cailles,
Et mille autres vols succulens
Nous firent horreur des mangeailles
Dont Carbon et tant de canailles
Vous affrontent depuis vingt ans.

Vous autres casaniers, qui ne connaissez que la vallée de misère et vos rôtisseurs de Paris, vous ne savez ce que c'est que la bonne chère. Si vous vous y connaissez, et si vous l'aimez, comme vous dites,

Soyez donc assez braves gens
Pour quitter enfin vos murailles ;
Et, si vous êtes de bon sens,
Allez et courez chez Fontrailles
Vous gorger de mets excellens.

Vous y serez bien reçus assurément, et vous le trouverez toujours le
même. Sans plus s'embarrasser des
affaires du monde, il se divertit à faire
achever sa maison, qui sera parfaite-
ment belle. Les honnêtes gens de sa
province en savent fort bien le chemin ; mais les autres ne l'ont jamais
pû trouver. Après nous y être empi-
fiés quatre jours avec M. le président
de Marmiesse, qui prit la peine de
s'y rendre aussitôt qu'il fut informé
de notre arrivée, nous allâmes tous
ensemble à Toulouse descendre chez
l'abbé de Beauregard, qui nous attendait, et qui nous donna de ces repas

qu'on ne peut faire qu'à Toulouse.
Le lendemain, M. le président de
Marmiesse nous voulut faire voir, dans
un dîner, jusqu'où peut aller la splen-
deur et la magnificence; ou, avec sa
permission, la profusion et la prodigalité. Le festin du Menteur (2) n'é-
tait rien en comparaison; et c'est ici
qu'il faut redoubler nos efforts pour
vous en faire une description magnifique.

Toi qui présides aux repas,
O muse! sois-nous favorable;
Décris avec nous tous les plats
Qui parurent sur cette table.

Pour notre honneur et pour ta gloire,
Fais qu'aucun de tous ces grands mets
Ne s'échappe à notre mémoire,
Et fais qu'on en parle à jamais.

Mais comme notre esprit s'abuse
De s'imaginer qu'aux festins

Puisse présider une muse,
Et qu'elle se connaisse en vins !

Non, non, les doctes demoiselles
N'eurent jamais un bon morceau;
Et ces vieilles sempiternelles
Ne burent jamais que de l'eau.

A qui donc adresser ses vœux
En des occasions pareilles?
Est-ce à vous, Bacchus, roi des treilles?
A vous, dieu des mets savoureux?

Mais, pour rimer, Bacchus et Come,
Sont des dieux de peu de secours;
Et jamais, de mémoire d'homme,
On ne leur fit un tel discours.

Tout nous manque au besoin, et
de notre chef nous n'oserions entre-
prendre une si grande affaire. Il faut
donc nous contenter de vous dire que
jamais, on ne vit rien de si splendide;
et nous eussions cru Toulouse, ce lieu

si renommé pour la bonne chère, épuisé pour jamais de gibier, si l'un de vos amis et des nôtres ne nous eût encore, le lendemain, dans un dîner, fait admirer cette ville comme un prodige, pour la quantité de bonnes choses qu'elle fournit. Vous devinerez aisément son nom, quand nous vous dirons

> Que c'est un de ces beaux esprits
> Dont Toulouse fut l'origine.
> C'est le seul Gascon qui n'a pris
> Ni l'air ni l'accent du pays ;
> Et l'on jugerait à sa mine
> Qu'il n'a jamais quitté Paris.

Enfin c'est l'agréable M. d'Osneville, dont l'air et l'esprit n'ont rien que d'un homme qui n'aurait jamais bougé de la cour.

> Vous saurez qu'il est marié
> Environ depuis une année,

Et qu'il est tout-à-fait lié
Du sacré lien d'hyménée.

Lié tout-à-fait, c'est-à-dire,
Qu'il est lié tout-à-fait bien,
Et qu'il ne lui manque plus rien,
Et qu'il a tout ce qu'il desire.

L'épouse est bien apparentée,
Et bien apparenté l'époux;
Elle est jeune, riche, espritée;
Il est jeune, riche, esprit doux.

Avec lui et dans son carrosse
nous quittâmes Toulouse pour aller à
Grouille, où M. le comte d'Aubijoux
nous reçut très-civilement. Nous le
trouvâmes dans un petit palais, qu'il
a fait bâtir au milieu de son jardin,
entre des fontaines et des bois, et qui
n'est composé que de trois chambres,
mais bien peintes et tout-à-fait appro-
priées. Il a destiné ce lieu pour se
retirer

retirer en particulier avec deux ou
trois de ses amis, ou, quand il est seul,
s'entretenir avec ses livres, pour no
pas dire avec sa maîtresse.

Malgré l'injustice des cours,
Dans cet agréable hermitage
Il coule doucement ses jours,
Et vit en véritable sage.

De vous dire qu'il tenait une fort
bonne table et bien servie, ce ne serait vous apprendre rien de nouveau ;
mais peut-être serez-vous surpris de
savoir que, faisant si grande chère,
il ne vivait que d'une croûte de pain
par jour. Aussi son visage était-il d'un
homme mourant. Bien que son parc fût
très-grand, et qu'il eût mille endroits
tous plus beaux les uns que les autres
pour se promener, nous passions les
journées entières dans une petite isle

plantée et tenue aussi propre qu'un
jardin, et dans laquelle on trouve,
comme par miracle, une fontaine qui
jaillit, et va mouiller le haut d'un berceau de grands cyprès qui l'environ-
nent.

> Sous ce berceau qu'amour exprès
> Fit pour toucher quelque inhumaine,
> L'un de nous deux, un jour au frais,
> Assis près de cette fontaine,
> Le cœur percé de mille traits,
> D'une main qu'il portait à peine
> Grava ces vers sur un cyprès.
> « Hélas! que l'on serait heureux
> » Dans ce beau lieu digne d'envie,
> » Si, toujours aimé de Sylvie,
> » L'on pouvait, toujours amoureux,
> » Avec elle passer la vie! »

Vous connaîtrez par-là que, dans
notre voyage, nous ne songions pas
toujours à faire bonne chère, et que

nous avions quélquefois des momens
assez tendres. Au reste, quoique
Grouille ait tant de charmes, M. d'Aubijoux ne nous put retenir que trois
jours, après lesquels il nous donna
son carrosse pour aller à Castres-
prendre celui de M. de Pénautier,
qui nous mena chez lui à Pénautier, à
une lieue de Carcassonne. Vos santés
y furent bues mille fois avec le cher
ami Balzant, qui ne nous quitta pas
un moment. La comédie fut aussi un
de nos divertissemens assez grand,
parce que la troupe n'était pas mauvaise, et qu'on y voyait toutes les
dames de Carcassonne. Quand nous
en partîmes, M. de Pénautier, qui
sans doute est un des plus honnétes
hommes du monde, voulut absolument que nous prissions encore son
carrosse pour aller à Narbonne, quoi-

qu'il y eût une grande journée. Le
temps était si beau, que nous espérions le lendemain, sur nos chevaux
frais, et qui suivaient en main depuis Encosse, aller coucher près de
Montpellier. Mais, par malheur,

> Dans cette vilaine Narbonne
> Toujours il pleut, toujours il tonne.
> Toute la nuit doncques il plut,
> Et tant d'eau cette nuit il chut,
> Que la campagne submergée
> Tint deux jours la ville assiégée.

Que cela ne vous surprenne point!
Quand il pleut six heures en cette
ville, comme c'est toujours par orage,
et qu'elle est située dans un fond tout
environné de montagnes, en peu de
temps les eaux se ramassent en si
grande abondance, qu'il est impossible d'en sortir sans courir risque de
se noyer. Nous voulûmes pourtant le

hasarder; mais l'accident d'un laquais, emporté par une ravine, et qui sans doute était perdu, si son cheval ne l'eût sauvé à la nage, nous fit rentrer bien vîte pour attendre que les passages fussent libres. Des messieurs, que nous trouvâmes se promenant dans la grande place, et qui nous parurent être des principaux du pays, ayant appris notre aventure, crurent qu'il était de leur honneur de ne nous laisser pas ennuyer. Ils nous voulurent donc faire voir les raretés de leur ville, et nous menèrent d'abord dans l'église cathédrale, qu'ils prétendaient être un chef-d'œuvre pour la hauteur des voûtes; mais nous ne saurions pas dire au vrai

Si l'architecte qui la fit,
La fit ronde, ovale ou quarrée,

5.

Et moins encoi s'il la bâtit
Haute, basse, large ou serrée;

Car, arrivés en ce saint lieu,
Nous n'eûmes jamais autre envie
Que de faire des vœux à Dieu
De ne le voir de notre vie.

Ce qu'on y montre encor de rare,
Est un vieux et sombre tableau,
Où l'on voit sortir un Lazare
A demi-moit de son tombeau.

Mais le peintre l'a si bien fait
Sec, pâle, hideux, noir, effroyable,
Qu'il semble bien moins le portrait
Du bon Lazai e que d'un diable.

Ces messieurs ne furent pas contens de nous avoir fait voir ces deux
merveilles; ils eurent encore la bonté,
pour nous régaler tout–à–fait, de nous
présenter à deux ou trois de leurs plus
polies demoiselles, qui tombaient en

vérité de la vérole. Voilà tous les divertissemens que nous eûmes à Narbonne. Voyez par-là si deux jours que nous y demeurâmes se passèrent agréablement. Toi qui nous as si bien diverti,

Digne objet de notre courroux,
Vieille ville toute de fange,
Qui n'es que ruisseaux et qu'égouts,
Pourrais-tu prétendre de nous
Le moindre vers à ta louange?

Va, tu n'es qu'un quartier d'hiver
De quinze ou vingt malheureux drilles,
Où l'on peut à peine trouver
Deux ou trois misérables filles
Aussi mal saines que ton air.

Va, tu n'eus jamais rien de beau,
Rien qui mérite qu'on le prise,
Bien peu de chose est ton tableau,
Et bien moins que rien ton église.

L'apostrophe est un peu violente, ou l'imprécation un peu forte ; mais nous passâmes dans cette étrange demeure deux journées avec tant de chagrin, qu'elle en est quitte à bon marché. Enfin les eaux s'écoulèrent ; et nos chevaux n'en ayant plus que jusqu'aux sangles, il nous fut permis de sortir. Après avoir marché trois ou quatre lieues dans les plaines toutes noyées, et passé sur de méchantes planches un torrent qui s'était fait de l'égout des eaux, large comme une rivière, Beziers, cette ville si propre et si bien située, nous fit voir un pays aussi beau que celui dont nous partions était vilain. Le lendemain, ayant traversé les landes de Saint-Hubéri, et goûté les bons muscats de Loupian, nous vîmes Montpellier se présenter à nous, environné de ces plantades et de ces blanquettes que vous connaissez. Nous y abordâmes à travers mille boules de mail ; car on joue là le long des chemins à la chicane. Dans la grande rue des parfumeurs, par où l'on entre d'abord, l'on croit être dans la boutique de Martial ; et cependant,

> Bien que de cette belle ville
> Viennent les meilleures senteurs,
> Son terroir, en muscats fertile,
> Ne lui produit jamais de fleurs,

— Cette rue si parfumée conduit dans une grande place, où sont les meilleures hôtelleries. Mais nous fûmes bientôt épouvantés

> De rencontrer en cette place
> Un grand concours de populace.
> Chacun y nommait d'Assouci (3).

« Il sera brûlé, Dieu merci! »
Disait une vieille bagasse.
» Dieu veuille qu'autant on en fasse
» A tous ceux qui vivent ainsi! »

La curiosité de savoir ce que c'était nous fit avancer plus avant. Tout le bas était plein de peuple, et les fenêtres remplies de personnes de qualité. Nous y connûmes un des principaux de la ville, qui nous fit entrer aussitôt dans le logis. Dans la chambre où il était, nous apprîmes qu'effectivement on allait brûler d'Assouci pour un crime qui est en abomination parmi les femmes. Dans cette même chambre, nous trouvâmes grand nombre de dames qu'on nous dit être les plus polies, les plus qualifiées et les plus spirituelles de la ville, quoique pourtant elles ne fussent ni trop belles ni trop bien mises. A leurs petites mignar-

dises, leur parler gras et leurs discours extraordinaires, nous crûmes
bientôt que c'était une assemblée des
précieuses de Montpellier; mais, bien
qu'elles fissent de nouveaux efforts à
cause de nous, elles ne paraissaient
que des précieuses de campagne, et
n'imitaient que faiblement les nôtres
de Paris. Elles se mirent exprès sur
le chapitre des beaux-esprits, afin de
nous faire voir ce qu'elles valaient
par le commerce qu'elles ont avec
eux. Il se commença donc une conversation assez plaisante.

Les unes disaient que Ménage
   Avait l'air et l'esprit galant,
Que Chapelain n'était pas sage ,
Que Costar n'était pas pédant;

Et les autres croyaient M. de Scu-
deri

Un homme de fort bonne mine,
Vaillant, riche et toujours bien mis;
Sa sœur une beauté divine,
Et Pélisson un Adonis.

Elles en nommèrent encore une très-grande quantité, dont il ne nous souvient plus. Après avoir bien parlé des beaux-esprits, il fut question de juger de leurs ouvrages. Dans l'Alaric et dans le Moïse, on ne loua que le jugement et la conduite; et dans la Pucelle, rien du tout. Dans Sarrasin, on n'estima que la lettre de M. de Ménage; et la préface de M. Pélisson fut traitée de ridicule. Voiture même passa pour un homme grossier. Quant aux romans, Cassandre fut estimé pour la délicatesse de la conversation, Cyrus et Clélie pour la magnificence de l'expression et la grandeur des événemens. Mille autres choses se débitèrent

débitèrent encore plus surprenantes
que tout cela. Puis insensiblement la
conversation tomba sur d'Assouci,
parce qu'il leur sembla que l'heure de
l'exécution approchait. Une de ces
dames prit la parole; et s'adressant
à celle qui nous avait paru la principale et la maîtresse précieuse :

  « Ma bonne, est-ce lui qu'on dit
  » Avoir autrefois tant écrit,
  » Même composé quelque chose
  » En vers sur la métamorphose (4)?
  » Il faut donc qu'il soit bel-esprit?

  » Aussi l'est-il; et l'un des vrais,
  » Reprit l'autre, et des premiers faits.
  » Ses lettres lui furent scellées
  » Dès leurs premières assemblées.
  » J'ai la liste de ces messieurs;
  » Son nom est en tête des leurs (5). »

Puis d'une mine sérieuse,
Avec certain air affecté,
Penchant sa tête de côté,

Et de ce ton de précieuse,
Lui dit : « Ma chère, en vérité,

  » C'est dommage que dans Paris
  » Ces messieurs de l'académie,
  » Tous ces messieurs les beaux-esprits,
  » Soient sujets à telle infamie. »

L'envie de rire nous prit si furieuse-
sement, qu'il nous fallut quitter la
chambre et le logis pour en aller écla-
ter à notre aise dans l'hôtellerie. Nous
eûmes toutes les peines du monde à
passer dans les rues, à cause de l'af-
fluence du peuple.

  Là, d'hommes on voyait fort peu.
  Cent mille femmes animées,
  Toutes de colère enflammées,
  Accouraient en foule en ce lieu
  Avec des torches allumées.

Elles écumaient toutes de rage ; et
jamais on n'a rien vu de si terrible.

Les unes disaient que c'était trop peu
de le brûler; les autres, qu'il fallait
l'écorcher vif auparavant; et toutes,
que si la justice le leur voulait livrer,
elles inventeraient de nouveaux sup-
plices pour le tourmenter. Enfin

L'on aurait dit, à voir ainsi
Ces Bacchantes échevelées,
Qu'au moins ce monsieur d'Assouci
Les aurait toutes violées;

et cependant il ne leur avait jamais
rien fait. Nous gagnâmes avec bien de
la peine notre logis, où nous apprîmes, en arrivant, qu'un homme de
condition avait fait sauver ce malheureux; et quelque temps après on
vint nous dire que toute la ville était
en rumeur, que les femmes y faisaient
une sédition, et qu'elles avaient déja
déchiré deux personnes, pour être

seulement soupçonnées de connaître
d'Assouci. Cela nous fit une très-
grande frayeur;

Et de peur d'être pris aussi
Pour amis du sieur d'Assouci,
Ce fut à nous de faire gille.
Nous fûmes donc assez prudens
Pour quitter d'abord cette ville;
Et cela fut d'assez bon sens.

Nous nous sauvons donc, comme
des criminels, par une porte écartée,
et prenons le chemin de Massilar-
gues, espérant d'y pouvoir arriver
avant la nuit. A une demi-lieue de
Montpellier, nous rencontrâmes notre
d'Assouci avec un page assez joli qui
le suivait. En deux mots, il nous
conta ses disgraces; aussi n'avions-
nous pas le loisir d'écouter un long
discours, ni de le faire. Chacun donc

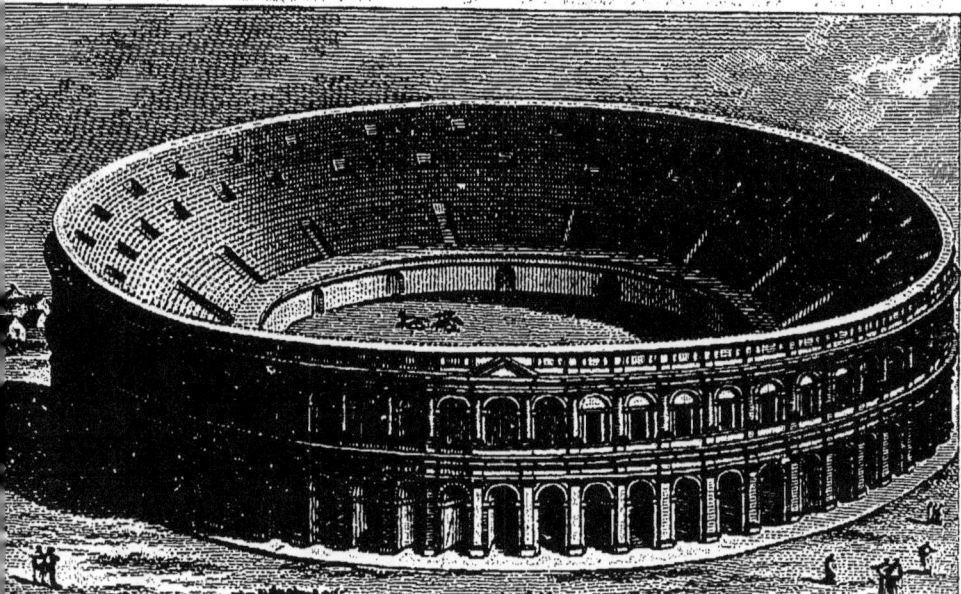

Pont du Gard

alla de son côté; lui fort vîte, quoiqu'à pied; et nous doucement, à cause
que nos chevaux étaient fatigués. Nous
arrivâmes avant la nuit chez M. de
Cauvisson, qui pensa mourir de rire
de notre aventure. Il prit le soin, par
sa bonne chère et par ses bons lits,
de nous faire bientôt oublier ces fa-
tigues. Nous ne pûmes, étant si proche
de Nîmes, refuser à notre curiosité
de nous détourner pour aller voir

Ces grands et fameux bâtimens
Du pont du Gard (6) et des Arênes (7),
Qui nous restent pour monumens
Des magnificences romaines.

Ils sont plus entiers et plus sains
Que tant d'autres restes si rares,
Échappés aux brutales mains
De ce déluge de barbares,
Qui furent les fléaux des humains.

6.

Fort satisfaits du Languedoc, nous prîmes assez vîte la route de Provence, par cette grande prairie de Beaucaire, si célèbre par sa foire (8); et le même jour nous vîmes de bonne heure

> Paraître sur les bords du Rhône
> Ces murs pleins d'illustres bourgeois,
> Glorieux d'avoir autrefois
> Eu chez eux la cour et le trône
> De trois ou quatre puissans rois.

On y aborde par

> Cette heureuse et fertile plaine
> Qui doit son nom à la vertu
> Du grand et fameux capitaine,
> Par qui le fier Danois battu
> Reconnut la grandeur romaine.

Nous vîmes, pour vous parler un peu moins poétiquement, cette belle et célèbre ville d'Arles, qui, par son pont de bateaux (9), nous fit passer de Languedoc en Provence. C'est assurément la plus belle porte. La situation admirable de ce lieu y a presque attiré toute la noblesse du pays; et les dames y sont propres, galantes et jolies; mais si couvertes de mouches, qu'elles en paraissent un peu coquettes. Nous les vîmes toutes au cours où nous fûmes, faisant fort bien leur devoir avec quantité de messieurs assez bien faits. Elles nous donnèrent lieu de les accoster, quoique inconnues; et, sans vanité, nous pouvons dire qu'en deux heures de conversation nous avançâmes assez nos affaires, et que nous fîmes peut-être quelques jaloux. Le soir on nous pria d'une assemblée, où l'on nous traita plus favorable-

ment encore; mais avec tout cela,
ces belles ne purent obtenir de nous
qu'une nuit; et le lendemain nous en
partîmes, et traversâmes avec bien de
la peine

La vaste et pierreuse campagne (10),
Couverte encor de ces cailloux
Qu'un prince, revenant d'Espagne,
Y fit pleuvoir dans son courroux.

C'est une grande plaine toute couverte de cailloux effectivement jusques à Salon, petite ville qui n'a point
d'autre rareté que le tombeau de Nostradamus (11). Nous y couchâmes et
nous n'y dormîmes pas un moment,
à cause des hauts cris d'une comé-
dienne, qui s'avisa d'accoucher cette
nuit, proche de notre chambre, de
deux petits comédiens. Un tel va-
carme nous fit monter à cheval de

bon matin; et cette diligence servit
à nous faire considérer plus à notre
aise, en arrivant à Marseille, cette
multitude de maisons qu'ils appellent
bastides , dont toute la campagne
voisine est couverte. Le grand nombre
en est plus surprenant que la beauté;
car elles sont toutes fort petites et
fort vilaines. Vous avez tant ouï parler
de Marseille, que de vous en entretenir présentement ce serait répéter
les mêmes choses et peut-être vous
ennuyer.

Tout le monde sait que Marseille
Est riche, illustre et sans pareille
Pour son terroir et pour son port;
Mais il faut vous parler du fort,
Qui sans doute est une merveille.

C'est Notre-Dame de la Garde,
Gouvernement commode et beau,

A qui suffit, pour toute garde,
Un Suisse avec sa hallebarde
Peint sur la porte du château.

Ce fort est sur le sommet d'un rocher presque inaccessible, et si haut
élevé que, s'il commandait à tout ce
qu'il voit au-dessous de lui, la plupart du genre humain ne vivrait que
sous son plaisir.

Aussi voyons-nous que nos rois,
En connaissant bien l'importance,
Pour le confier ont fait choix
Toujours de gens de conséquence;

De gens pour qui, dans les alarmes,
Le danger aurait eu des charmes;
De gens prêts à tout hasarder,
Qu'on eût vu long-temps commander,
Et dont le poil poudreux eût blanchi sous les
armes.

Une description magnifique, qu'on a
faite autrefois de cette place, nous

donna la curiosité de l'aller voir. Nous grimpâmes plus d'une heure avant que d'arriver à l'extrémité de cette montagne, où l'on est bien surpris de ne trouver qu'une méchante masure tremblante (12), prête à tomber au premier vent. Nous frappâmes à la porte, mais doucement, de peur de la jeter par terre ; et après avoir heurté long-temps, sans entendre même un chien aboyer sur la tour,

Des gens, qui travaillaient là proche,
Nous dirent : « Messieurs, la-dedans
» On n'entre plus depuis long-temps.
» Le gouverneur de cette roche,
» Retournant en cour par le coche,
» A, depuis environ quinze ans,
» Emporté la clef dans sa poche. »

La naïveté de ces bonnes gens nous fit bien rire, sur-tout quand ils nous firent remarquer un écriteau, que

nous lûmes avec assez de peine; car
le temps l'avait presque effacé.

> Portion de gouvernement
> A louer tout présentement.

Plus bas, en petit caractère :

> Il faut s'adresser à Paris,
> Ou chez Conrat le secrétaire,
> Ou chez Courbé l'homme d'affaire
> De tous messieurs les beaux-esprits.

Croyant après cela n'avoir plus
rien de rare à voir en ce pays, nous le
quittâmes sur-le-champ et même avec
empressement, pour aller goûter des
muscats à la Cioutat. Nous n'y arrivâmes pourtant que fort tard, parce
que les chemins sont rudes, et que,
passant par Cassis, il est bien difficile de ne s'y pas arrêter à boire. Vous
n'êtes

n'êtes pas assurément curieux de savoir de la Cioutat,

Que les marchands et les nochers .
La rendent fort considérable ;
Mais pour le muscat adorable,
Qu'un soleil proche et favorable
Confit dans les brûlans rochers,
Vous en aurez, frères très-chers,
Et du meilleur sur votre table.

Les grandes affaires, que nous avions en ce lieu, furent achevées aussitôt que nous eûmes acheté le meilleur vin. Ainsi, le lendemain vers le midi, nous nous acheminâmes vers Toulon. Cette ville est dans une situation admirable, exposée au midi, et couverte au septentrion par des montagnes élevées jusques aux nues, qui rendent son port le plus grand et le plus sûr qui soit au monde. Nous y trouvâmes M. le chevalier Paul (13),

qui, par sa charge, par son mérite et
par sa dépense, est le premier et le
plus considérable du pays.

C'est ce Paul, dont l'expérience
Gourmande la mer et le vent;
Dont le bonheur et la vaillance
Rendent formidable la France
A tous les peuplés du Levant.

Ces vers sont aussi magnifiques que
sa mine; mais, en vérité, quoiqu'elle
ait quelque chose de sombre, il ne
laisse pas d'être commode, doux et
tout-à-fait honnête. Il nous régala
dans sa cassine, si propre et si bien
entendue, qu'elle semble un petit palais enchanté. Nous n'avions trouvé
jusques-là que des orangers de médiocre grandeur, et dans des jardins.
L'envie d'en voir de gros comme des
chênes, et dans le milieu des cam-

pagnes, nous fit aller jusques à Hières.
Que ce lieu nous plut ! qu'il est char-
mant ! et quel séjour serait-ce que
Paris sous un si beau climat !

Que c'est avec plaisir qu'aux mois
Si fâcheux en France et si froids,
On est contraint de chercher l'ombre
Des orangers, qu'en mille endroits
On y voit, sans rang et sans nombre,
Former des forêts et des bois !

Là, jamais les plus grands hivers
N'ont pu leur déclarer la guerre.
Cet heureux coin de l'univers
Les a toujours beaux, toujours verts,
Toujours fleuris en pleine terre.

Qu'ils nous ont donné de mépris
pour les nôtres, dont les plus con-
servés et les mieux gardés ne doivent
pas être, en comparaison, appelés des
orangers !

Car ces petits nains contrefaits,
Toujours tapis entre deux ais,
Et contraints sous des casemates,
Ne sont, à bien parler, que vrais
Et misérables culs de jattes.

Nous ne pouvions terminer notre
voyage par un lieu qui nous laissât une
idée plus agréable ; aussi, dès le moment, ne songeâmes-nous plus qu'à
retourner à Paris. Notre dévotion nous
fit pourtant détourner un peu pour
aller à la Sainte-Beaume. C'est un lieu
presque inaccessible, et que l'on ne
peut voir sans effroi. C'est un antre
dans le milieu d'un rocher escarpé, de
plus de quatre-vingts toises de haut,
fait assurément par miracle ; car il est
aisé de voir que les hommes

N'y peuvent avoir travaillé ;
Et l'on croit, avec apparence,

Que les saints esprits ont taillé
Ce roc, qu'avec tant de constance
La Sainte (14) a si long-temps mouillé
Des larmes de sa pénitence.

Mais si, d'une adresse admirable,
L'ange a taillé ce roc divin,
Le démon, cauteleux et fin,
En a fait l'abord effroyable,
Sachant bien que le pélerin
Se donnerait cent fois au diable,
Et se damnerait en chemin.

Nous y montâmes cependant avec de
la peine par une horrible pluie, et,
par la grace de Dieu, sans murmurer
un seul mot ; mais nous n'y fûmes pas
plutôt arrivés, qu'il nous prit une extrême impatience d'en sortir, sans
savoir pourquoi. Nous examinâmes
donc assez brusquement la bizarrerie
de cette demeure ; et nous nous ins-
truisîmes en un moment des religieux,

de leur ordre, de leurs coutumes et
de leur manière de traiter les passans ; car ce sont eux qui les reçoivent, et qui tiennent hôtellerie.

> L'on n'y mange jamais de chair,
> L'on n'y donne que du pain d'orge, .
> Et des œufs qu'on y vend bien cher.
> Les moines hideux ont de l'air
> De gens qui sortent d'une forge.
> Enfin, ce lieu semble un enfer,
> Ou pour le moins un coupe-gorge.
>
> L'on ne peut être sans horreur
> Dedans cette horrible demeure ;
> Et la faim, la soif et la peur
> Nous en firent sortir sur l'heure.

Bien qu'il fût presque nuit, et qu'il
fît le plus vilain temps du monde,
nous aimâmes mieux hasarder de
nous perdre dans les montagnes, que
de demeurer à la Sainte-Beaume. Les
reliques qui sont à Saint-Maximin

nous portèrent bonheur, et nous y firent arriver, avec l'aide d'un guide, sans nous être égarés, mais non pas sans être moùillés. Aussi, le lendemain, la matinée s'étant passée entière en dévotion, c'est-à-dire à faire toucher des chapelets à quantité de corps saints et à mettre d'assez grosses pièces dans les troncs, nous allâmes nous enivrer d'excellente blanchette de Négréaux, et de là coucher à Aix. C'est une capitale sans rivière, et dont tous les dehors sont fort désagréables ; mais, en récompense, belle et assez bien bâtie, et de bonne chère. Orgon fut ensuite notre couchée, lieu célèbre pour tous les bons vins ; et, le jour d'après, Avignon nous fit admirer la beauté de ses murailles. Madame de Castelane (15) y était, à qui nous rendîmes visite aussitôt, le

même jour, qui fut le jour des Morts.
Nous la trouvâmes chez elle en bonne
compagnie. Elle n'était point, comme
les autres veuves, dans les églises à
prier Dieu;

> Car bien qu'elle ait l'ame assez tendre
> Pour tout ce qu'elle aurait chéri,
> On aurait peine à la surprendre
> Sur le tombeau de son mari.

Avignon nous avait paru si beau,
que nous voulûmes y demeurer deux
jours pour l'examiner plus à loisir.
Le soir que nous prenions le frais
sur le bord du Rhône par un beau
clair de lune, nous rencontrâmes un
homme qui se promenait, qui nous
semblait avoir l'air du sieur d'Assouci. Son manteau, qu'il portait sur
le nez, empêchait qu'on ne le pût bien
voir au visage. Dans cette incertitude,

nous prîmes la liberté de l'accoster,
et de lui demander :

« Est-ce vous, monsieur d'Assouci ? »
» Oui, c'est moi, messieurs : me voici,
» N'ayant plus pour tout équipage
» Que mes vers, mon luth et mon page.
» Vous me voyez sur le pavé
» En désordre, mal-propre et sale ;
» Aussi je me suis esquivé
» Sans emporter paquet ni male ;
» Mais enfin me voilà sauvé,
» Car je suis en terre papale. »

Il avait effectivement avec lui le
même page que nous lui avions vu
lorsqu'il se sauva de Montpellier, et
que l'obscurité nous avait empêché de
discerner. Il nous prit envie de savoir
au vrai ce que c'était que ce petit
garçon, et quelle belle qualité l'obligeait à le mener avec lui ; nous le
questionnâmes donc assez malicieuse-
ment, lui disant :

« Ce petit page qui vous suit,
» Et qui derrière vous se glisse,
» Que sait-il ? en quel exercice,
» En quel art l'avez vous instruit ? »
« Il sait tout, dit-il. S'il vous duit,
» Il est bien à votre service. »

Nous le remerciâmes lors bien civilement, ainsi que vous eussiez fait, et ne lui répondîmes autre chose

« Qu'adieu, bon soir et bonne nuit,
» De votre page qui vous suit,
» Et qui derrière vous se glisse,
» Et de tout ce qu'il sait aussi,
» Grand merci, monsieur d'Assouci.
» D'un si bel offre de service,
» Monsieur d'Assouci, grand merci. »

Notre lettre finira par ce bel endroit, quoiqu'elle soit écrite de Lyon. Ce n'est pas que nous n'ayons encore à vous mander des beautés du Pont-

Saint-Esprit, des bons vins de Condrieux et de Côte-rôtie; mais, en vérité, nous sommes si las d'écrire, que la plume nous tombe des mains, outre que nous voulons avoir de quoi vous entretenir lorsque nous aurons le plaisir de vous revoir. Cependant

Si nous allions tout vous déduire,
Nous n'aurions plus rien à vous dire;
Et vous saurez qu'il est plus doux
De causer, buvant avec vous,
Qu'en voyageant de vous écrire.

Adieu, les deux frères nourris,
Aussi bien que gens de la ville,
Que nous aimons plus que dix mille
Des plus aimables de Paris.

DATE.

De Lyon, où l'on nous a dit
Que le roi, par un rude édit,
Avait fait défenses expresses,

Expresses défenses à tous,
De plus porter chausses suissesses.
Cet édit, qui n'est rien pour nous,
Vous réduit en grandes détresses,
Grosses bedaines, grosses fesses;
Car où diable vous mettrez-vous?

ADRESSE.

A Messieurs les aînés Broussins.
Chacun enseignera la rue;
Car leur demeure est plus connue
Au marais que les capucins.

NOTES

NOTES

SUR LE

VOYAGE DE CHAPELLE

ET DE BACHAUMONT.

1 (Altesse royale.) Gaston, duc d'Orléans, frère de Louis XIII. Il s'était retiré à Blois, où il mourut en 1660.

2 (Menteur.) Comédie de P. Corneille.

3 (D'Assouci.) Charles Coypau, sieur d'Assouci, né à Paris en 1604, fut surnommé le singe de Scarron : en effet, ses poésies, recueillies en 3 volumes in-12, 1678, offrent mille platitudes pour une bonne plaisanterie. Quant à l'inculpation de Chapelle sur l'aventure de Montpellier, la plupart des contemporains l'ont regardée

8

comme une calomnie. Ce qu'on peut affirmer, c'est que tous les pays où d'Assouci passa (et il en vit beaucoup) furent marqués par ses disgraces.

4. (Métamorphose.) D'Assouci a traduit en vers burlesques une partie les métamorphoses d'Ovide, sous le titre d'Ovide en belle humeur.

5 (Son nom est en tête des leurs.) D'Assouci n'était point de l'académie française. C'est sans doute une faute que Chapelle fait faire à ces précieuses, pour leur donner un nouveau ridicule.

6. (Pont du Gard.) Ce pont, situé à trois lieues nord de Nîmes, est un colosse de maçonnerie de près de cent cinquante pieds de hauteur, placé entre deux montagnes dont il forme la jonction. Trois rangs d'arcades, à plein ceintre et d'ordre toscan, en

font comme trois ponts l'un sur l'autre.

Le premier rang, plus court que les deux autres, parce que les montagnes sont moins éloignées par le pied, forme un pont de six arches, sous une desquelles (une des avant-dernières) coule la rivière de Gardon. Le second rang a onze arches à-peu-près de mêmes dimensions que les six du premier rang, auxquelles elles correspondent perpendiculairement, c'est-à-dire soixante pieds environ d'ouverture, et un peu plus de hauteur. Le troisième rang en offre trente-cinq, de quatorze pieds d'ouverture seulement, et d'environ dix-huit de hauteur.

Ce troisième rang sert de base à un aqueduc de quatre pieds et demi de haut, qui conduisait autrefois à Nîmes les eaux de la fontaine d'Eure.

Une espèce de galerie de trois à quatre pieds de large, formée par des échancrures faites dans les piles des arches du second rang et par des encorbellemens pratiqués à côté, donnait autrefois passage aux cavaliers et aux gens de pied qui voulaient aller d'un bord à l'autre; mais ces échancrures ayant fait craindre pour la solidité de l'édifice, un intendant de Languedoc, Baville, fit rétablir ces piles, de même que des voussoirs qui manquaient à des arcs doubleaux. On passe aujourd'hui le Gardon sur un petit pont accolé au grand ouvrage.

Malgré les efforts des Goths et des autres ennemis des Romains, ce précieux monument promet encore plusieurs siècles d'existence. Les extrémités sont les seuls endroits qui aient souffert. On n'apperçoit entre les pierres ni ciment ni autre liaison.

Ces trois lettres A. E. A., seule inscription qu'on y ait trouvée, s'expliquent assez ordinairement par AQUÆDUCTUS ELII ADRIANI. On ne voit plus qu'une figure en bas-relief; c'est un Priape appelé Lièvre, parce qu'il imite par sa forme un lièvre courant.

7 (Les Arênes.) Cet édifice est situé entre la porte Saint-Gilles et celle de Saint-Antoine. Sa forme est une ellipse parfaite, dont le grand axe a soixante-six toises trois pieds hors d'œuvre, et le petit axe cinquante-une toises aussi hors d'œuvre. Sa hauteur, divisée par deux rangs de portiques, au nombre de soixante chacun, est de dix toises quatre pieds six pouces.

8.

Une galerie couverte règne dans le
pourtour du rez-de-chaussée. On y
entre par quatre portes placées aux
quatre points cardinaux. L'étage supérieur, composé du même nombre
d'arcades, et entrelacé de colonnes
toscanes, est terminé par un attique.

Il y avait dans l'intérieur trente-
deux rangs de siéges pour les spectateurs ; ce qui donnait place à dix-sept
mille personnes, en accordant à chacune vingt pouces d'espace. Les endroits les moins délabrés n'offrent plus
aujourd'hui que dix-sept rangs. On
arrivait à ces siéges par trois rangs de
vomitoires, espèces de corridors situés
aux extrémités des escaliers, qui par-
taient des portiques.

Au-dessus de l'attique, et à distances égales, se trouvent cent vingt
consoles de dix-huit pouces de saillie,

avec une ouverture perpendiculaire dans le milieu. C'est dans ces ouvertures que l'on plaçait les tentes pour mettre les spectateurs à l'abri des injures de l'air.

Suivant l'opinion la plus commune, cet amphithéâtre fut bâti sous Antonin. Les Français en changèrent la destination ; et c'était déja un château fort, lorsque Charles-Martel essaya inutilement de le détruire en 737. La majeure partie a été construite sans mortier ni ciment : les pierres ont jusqu'à dix-huit pieds de long. Le 28 août 1786, un ordre du gouvernement fit détruire les cahutes qui le déparaient tant en dedans qu'en dehors.

Plusieurs de ses bas-reliefs ont beaucoup exercé les antiquaires. Celui de Rémus et de Romulus, allaités par une louve, se trouve sur la face d'un des pilastres qui sont près de la partie septentrionale : on croit que c'est un emblême du régime pacifique d'Antonin Pie. Le bas-relief des gladiateurs, qui marque la destination de l'édifice, est entre la porte de l'amphithéâtre (dont le fronton est orné de taureaux) et le pilastre de la louve, sur un garde-fou du portique supérieur : le temps en a détruit un pareil.

On remarque aussi trois Priapes. Le premier est triple et d'une forme singulière; il a des pattes et des ailes. Deux de ses parties sont becquetées par des oiseaux : à la troisième est attachée une sonnette ; mais cette partie a été dégradée. Le second Priape ressemble au premier, avec la différence qu'on n'y voit ni sonnette ni oiseaux qui becquètent, et qu'il est monté par une femme qui tient les deux grandes parties avec des rènes, comme pour les conduire. Le troisième Priape n'est que double, et n'a ni pattes ni ailes!

Si ces hideuses figures sont des hiéroglyphes égyptiens, il n'y a pas de doute qu'ils ne représentent le roi Osiris, adoré sous cette forme étonnante. Si l'on veut leur trouver un sens moral, il est assez naturel de dire que le premier Priape, becqueté par des oiseaux et orné d'une sonnette, figure la publicité des passions et les douleurs qu'elles nous causent ; que le second est un emblême de la promptitude de l'amour et de l'empire tyrannique des femmes ; que le troisième enfin est le symbole de trois âges de l'homme, la vieillesse en bas, toute flétrie, la virilité à droite, et la jeunesse à gauche.

8 (Sa foire.) Cette foire, qui com-

mence le 22 juillet, fait de Beaucaire comme un magasin pour le monde commerçant. Des négocians de toutes les parties de l'Europe; beaucoup de l'Asie et de l'Afrique; quelques-uns de l'Amérique, viennent y conduire, les uns des laines, du coton, de la soie, qui attendent la main-d'œuvre; d'autres, des étoffes prêtes à passer dans les mains du consommateur, des bijoux, de la mercerie, etc. etc. En trois jours il s'y fait pour plus de dix-huit millions d'affaires, la plupart en échanges.

9 (Pont de bateaux.) Ce pont forme dans la belle saison une promenade aussi singulière qu'agréable. On y trouve des bancs de chaque côté, et derrière, un parapet à jour, qui ménage la vue du Rhône et des riantes campagnes qui le bordent.

10 (La vaste et pierreuse campagne.) Les anciens Romains la désignaient sous le nom de CAMPI LAPIDEI. C'est, dit Pline, un monument des combats d'Hercule. Ce héros ayant à combattre quelques géants en cet endroit-là, Jupiter fit tomber sur eux une grêle de pierres, qui couvrit cette plaine. Chapelle fait sans doute allusion à cette fable.

11 (Nostradamus.) Nostradamus (Michel), né à Saint-Remy en Provence, en 1503, abandonna la profession de médecin pour prendre le métier plus lucratif de charlatan. A force de lui entendre dire qu'il lisait dans les astres, on se le persuada, et ses prédictions en quatrains rimés eurent un succès prodigieux. C'était le siècle des astrologues : Paris seul en comptait plus de trente mille.

12 (Mazure tremblante.) Le fort de la Garde était alors en mauvais état. Du reste, c'est une raillerie contre M. de Scudéri, qui en avait fait une description pompeuse, parce qu'il en était gouverneur.

13 (Le chevalier Paul.) Ce célèbre marin, mort en 1667, était fils d'une lavandière. Ses services lui valurent le grade de vice-amiral.

14 (La Sainte.) Suivant la tradition du pays, Marie-Madeleine, dont il est parlé dans l'évangile, se retira dans cette grotte pour expier les fautes de sa première jeunesse. Voyez l'ouvrage de De Launoy : DE COMMENTITIO LAZARI, MAGDALENÆ, MARTHÆ, ET MAXIMINI IN PROVINCIAM APPULSU.

15. (Madame de Castelane.) Si connue depuis sous le nom de Marquise de Gange.

VOYAGE

DE

LANGUEDOC

ET DE

PROVENCE.

PAR LE FRANC DE POMPIGNAN.

Port de Marseille.

Berthault & Bonnet Sculpsit.

A PARIS,

IMPRIMERIE DE CHAIGNIEAU AINÉ.

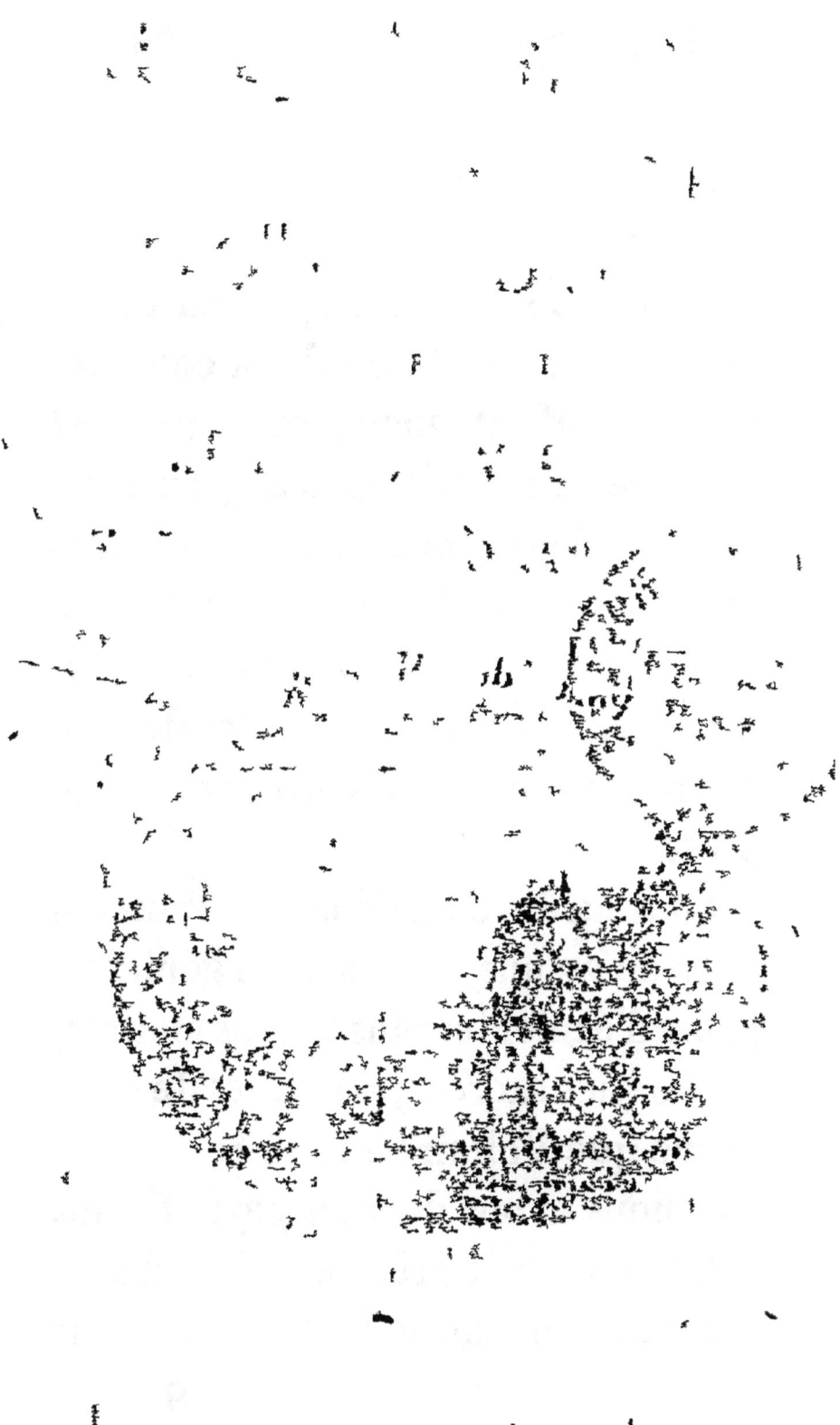

POMPIGNAN.

Jean-Jacques Lefranc, marquis de Pompignan, né en 1709, fut premier président de la cour des aides de Montauban, sa patrie, et membre de l'académie française et de celle des jeux floraux. A la connaissance approfondie de l'hébreu, du grec, du latin et de plusieurs langues vivantes, il réunissait le talent de bien écrire dans la sienne en vers et en prose.

Sa tragédie de Didon, composée à l'âge de 22 ans, annonça un génie capable d'égaler les plus grands maîtres; ses Poésies sacrées, admirées de ceux même que Voltaire a fait rire, sont ce que nous avons de plus parfait dans notre langue, après celles de Rousseau; son Voyage de Languedoc, pour

9

n'avoir pas l'aménité de celui de Chapelle, n'en offre pas moins une va-
riété et une noblesse de style qu'on
chercherait inutilement dans l'autre;
ses Géorgiques se lisent avec intérêt,
même après celles de l'abbé de Lille;
ses Discours philosophiques enfin
offrent par-tout l'écrivain élégant et
le littérateur vraiment philosophe.

Avec des ménagémens, Pompignan
aurait trouvé la gloire et le repos;
mais la tolérance, sur-tout pour les
erreurs, n'était pas dans son caractère. Partagé, à la campagne, entre
les travaux littéraires, et les plaisirs
de la bienfaisance, il ne songea qu'à
environner sa vieillesse de bonnes
œuvres, et à mettre en action la piété
chrétienne. Il mourut en 1784.

VOYAGE

DE

LANGUEDOC

ET DE

PROVENCE.

I
—————

A M.***, le 24 septembre 1740.

C'EST donc très – sérieusement, madame, que vous demandez la relation de notre voyage. Vous la voulez même en prose et en vers. C'est un marché fait, dites-vous, nous ne saurions nous en dédire. Il faut bien vous en croire ; mais croyez aussi que jamais parole ne fût plus légérement engagée. Je suis sûr

Que tout homme sensé rira
D'une entreprise si fallotte ;
Que personne ne nous lira ;
Ou que celui qui le fera,
A coup sûr très-fort s'ennuira ;
Que vers et prose on sifflera,
Et que sur cette preuve-là
Le régiment de la Calotte
Pour ses voyageurs nous prendra.

Quoi qu'il en puisse arriver, le plus grand malheur serait de vous déplaire. Nous allons vous obéir de notre mieux. Mais gardez-nous au moins le secret. Un ouvrage fait pour vous ne doit être mauvais qu'incognito.

Comme ce n'est point ici un poëme épique, nous commencerons modestement par Castelnaudary, et nous n'en dirons rien. Narbonne ayant été le premier objet de notre attention, sera aussi le premier article de notre itinéraire. N'y eût-il que ces anciennes

inscriptions qu'a si fort respectées le
temps, cette Narbonne méritait un
peu plus d'égards que n'en ont eu les
deux célèbres voyageurs. Nous pouvons attester qu'il n'y plut ni n'y tonna
pendant plus de quatre heures, et que
jamais le ciel ne fut plus serein que
lorsque nous en partîmes.

Mais vu le local enterré
De la cité primatiale,
Nous croyons, tout considéré,
Que quand la saison pluviale,
Au milieu du champ labouré,
Ferme la bouche à la cigale,
Toutes les eaux ont conjuré
D'environner, bon gré malgré,
La ville archiépiscopale :
Ce qui rend ce lieu révéré
Un cloaque beaucoup trop sale,
De quoi Chapelle a murmuré,
Mais d'un ton si peu mesuré,
Qu'il en résulte grand scandale ;
Au point qu'un prébendier lettré

9.

De l'église collégiale
Nous dit, d'un air très-assuré,
Que ce voyage célébré
N'était au fond qu'œuvre de balle,
Et que Narbonne qu'il ravale
Ne l'avait jamais admiré.

Le fait, madame, est vrai à la lettre.
A telles enseignes que le docte prébendier se dessaisit en notre faveur,
avec une joie extrême, de l'œuvre de
ces messieurs, qui lui paraissent de
très-mauvais plaisans. Ce n'est pas,
au reste, le seul plaisir qu'il nous eût
fait. Ce généreux inconnu nous avait
menés au palais archiépiscopal admirer les antiquités qu'on y a recueillies.
Par son crédit nous vîmes toute la
maison, grande, noble, claire même
en dépit de tout ce qui devrait la
rendre obscure. Mais on a logé un
peu haut le primat d'Occitanie. Nous

avions ensuite suivi notre guide à la métropole, qui sera une fort belle église quand il plaira à Dieu et aux états de faire finir la nef. Quant à ce tableau si dénigré dans l'œuvre susdit, messieurs de Narbonne le regrettent tous les jours, malgré la copie que M. le duc d'Orléans leur en laissa libéralement, mais qu'ils trouvent fort médiocre, quoique le Lazare y soit peut-être aussi noir que dans l'original.

Nous reprîmes notre chemin, et parcourûmes gaîment les chaussées qui mènent à Béziers. Cette ville est pour ses habitans un lieu céleste, comme il est aisé d'en juger par un passage latin d'un de leurs auteurs, dont je vous fais grace. La nuit nous ayant surpris avant d'y être arrivés, nous fûmes tentés d'y coucher.

Mais sachant par tradition
Que dans cette agréable ville,
Pour le sol de chaque saison,
Très-prudemment chaque maison
A soin d'avoir un domicile;
Et craignant pour mon compagnon,
Qui pour moi n'était pas tranquille,
Nous criâmes au postillon
Au plus vîte de faire gille.

Ce fut donc à Pézenas que nous allâmes chercher notre gîte. Il était tard quand nous y arrivâmes : les portes étaient fermées. Nous en fûmes si piqués, que nous ne voulûmes plus y entrer quand on les ouvrit le lendemain matin. Mais que nous fûmes enchantés des dehors! il n'en est point de plus rians ni de mieux cultivés. Quoique Pézenas n'ait pas de proverbe latin en sa faveur, au moins que je connaisse, sa situation vaut bien celle de Béziers. La chaussée qui commence après les casernes du roi, et sur la beauté de laquelle on ne peut trop se récrier, ne dura pas autant que nous aurions voulu. Elle aboutit à une route assez sauvage, qui nous conduisit à Vallemagne, lieu passablement digne de la curiosité des voyageurs.

> Près d'une chaîne de rochers
> S'élève un monastère antique.
> De son église très-gothique,
> Deux tours, espèce de clochers,
> Ornent la façade rustique.

> Les échos, s'il en est dans ce triste séjour,
> D'aucun bruit n'y frappent l'oreille:
> Et leur troupe oisive sommeille
> Dans les cavernes d'alentour.

Dépêche, dis-je à un postillon de quatre-vingts ans, qui changeait nos chevaux; l'horreur me gagne; quelle

solitude ! C'est la Thébaïde en rac-
courci : allons, l'abbé. Ni vous ni moi
ne commerçons avec les anachorètes.
Eh ! de par tous les diables, ce sont
des bernardins, s'écria le maître de
la poste, que nous ne croyions pas
si près de nous. Or vous saurez que
ce bon-homme pouvait faire la différence d'un anachorète et d'un ber-
nardin; car il avait sur un vieux coffre,
à côté de sa porte, quelques centaines
de feuillets de la vie des pères du désert, rongés des rats. Si vous voulez
dîner, ajouta-t-il, entrez ; on vous
fera bonne chère :

Nos moines sont de bons vivans,
L'un pour l'autre fort-indulgens,
Ne faisant rien qui les ennuie,
Ayant leur cave bien garnie,
Toujours reposés et contens,
Visitant peu la sacristie;

Mais quelquefois les jours de pluie
Priant Dieu pour tuer le temps.

Il est vrai qu'ils avaient profité de cette matinée-là, qui était fort sombre et fort pluvieuse, pour dépêcher une grand'messe. Nous gagnâmes le cloître. Croiriez-vous, madame, qu'un cloître de solitaires fût une grotte enchantée? Tel est pourtant celui de l'abbaye de Vallemagne; je ne puis mieux le comparer qu'à une décoration d'opéra. Il y a sur-tout une fontaine qui mériterait le pinceau de l'Arioste. Elle ressemble comme deux gouttes d'eau à la fontaine de l'Amour.

Sur ses colonnes, des feuillages
En relacés dans des berceaux
Forment un dôme de rameaux,
Dont les délicieux ombrages

Font goûter, dans des lieux si beaux,
Le frais des plus sombres bocages.
Sous cette voûte de cerceaux,
La plus heureuse des Naïades
Répand le cristal de ses eaux
Par deux différentes cascades.
Au pied de leur dernier bassin,
Un fier, garçon très-capable,
Entouré de flacons de vin,
Plaçait le buffet et la table.

Tout auprès, un dîner dont la suave odeur
Aurait du plus mince mangeur
Provoqué la concupiscence,
Tenu sur des fourneaux à son point de chaleur,
Pour disparaître, attendait la présence
De quatre bernardins qui s'ennuyaient au
chœur.

Dans ce moment nous enviâmes
presque le sort de ces pauvres religieux : nous nous regardions de cet
air qui peint si bien tous les mouvemens de l'ame. Chacun de nous appli-
quait ce qu'il voyait à sa vocation
particulière,

particulière, et nous nous devinions sans nous parler.

L'abbé convoitait l'abbaye :
Pour moi, qui pensais moins à Dieu,
Ah ! disais-je, si dans ce lieu
Je trouvais Iris ou Silvie....

Car voilà les hommes. Ce qui est un sujet d'édification pour les uns, est un objet de scandale pour les autres. Que de morale à débiter là-dessus ! Prenons congé de notre délicieuse fontaine. Elle nous a menés un peu loin.

O fontaine de Vallemagne !
Flots sans cesse renouvelés,
La plus agréable campagne
Ne vaut pas vos bords isolés.

Il n'y avait plus qu'une poste pour arriver à Loupian, lieu célèbre par ses vins, dont nos devanciers voulu-

10

rent se mettre à portée de juger. Leurs
imitateurs, en ce point seul, nous
nous y arrêtâmes. Mais l'année, nous
dit-on, n'avait pas été bonne. L'hô-
tesse entreprit de nous dédommager
avec des huîtres d'un goût fort infé-
rieur à celles de l'océan.

'Remontés en chaise, nous nous li-
vrions à l'admiration que nous causait
la beauté du pays,

> Quand deux gentilles demoiselles,
> D'un air agréable et badin,
> Qui n'annonçait pas des cruelles,
> Nous arrêtèrent en chemin.

Elles nous demandèrent des places
dans notre chaise pour aller jusqu'au
village prochain, qui était le lieu de
la poste. L'abbé fut impoli pour la
première fois de sa vie; il les refusa
inhumainement; et je fus obligé, mal-

gré moi, d'être de moitié de son refus.

Nous commencions alors à côtoyer l'étang de Thau, qui se débouche dans le golfe de Lyon par le port de Cette et par le passage de Maguelonne. Il fallut descendre, en faveur de mon compagnon, qui voyait pour la première fois les campagnes d'Amphitrite, et qui voulait contempler à son aise

Ce vaste amas de flots, ce superbe élément
De l'aveugle Fortune image naturelle,
Comme elle séduisant, et perfide comme elle :
Asyle des forfaits, noir séjour des hasards,
Théâtre dangereux du commerce et de Mars ;
Des plus rares trésors source avare et féconde,
Et l'empire commun de tous les rois du monde.

Nous arrivâmes enfin à Montpellier. Cette ville n'aura rien de nous aujourd'hui, madame ; et vous vous

passeriez bien de savoir qu'après nous
être fait d'abord conduire au jardin
royal des plantes, qui pourrait être
mieux entretenu, et avoir parcouru
légérement au retour tout ce qu'on
est dans l'usage de montrer aux étrangers, nous vînmes avec empressement
chercher un excellent souper, auquel
nous étions préparés par le repas fru-
gal que nous avions fait à Loupian.

La matinée du lendemain fut em-
ployée à visiter la Mosson et la Verune.
Les eaux et les promenades de celle-
ci ne méritent guère moins de curiosité que la magnificence de la première, où il y a des beautés royales;
mais où, sans être difficile à l'excès,
on peut trouver quelques défauts,
auxquels, à la vérité, le seigneur
Châtelain est en état de remédier.

Nous nous hâtames après cela de

gagner Lunel, où nous fûmes ac-
cueillis par M. de La★★★, major du
régiment de Duras, qui commandait
dans ce quartier. Il nous donna un
aussi bon souper que s'il nous eût
attendus. L'abbé en profita médio-
crement.

Il quitta cette bonne chère
Pour une dévote action,
Que ceux de sa profession
Ne font pas trop pour l'ordinaire.
Ce fut, je crois, son bréviaire
Qui causa sa désertion.
Notre convive militaire
Partagea mon affliction.
Mais comme en toute occasion
La Providence débonnaire
Compense, d'une main légère,
Plaisir et tribulation,
La retraite de mon confrère
Grossit pour moi la portion
D'un vin de Saint-Émilion,
Qu'à Lunel je n'attendais guère.

10.

Une partie de la nuit se passa joyeu-
sement à table. Nous nous séparâmes
de notre hôte à huit heures du matin,
et nous courûmes à Nîmes pour y
admirer ces ouvrages si supérieurs
aux ouvrages modernes, si dignes de
la poésie la plus majestueuse; en un
mot, les chefs-d'œuvres immortels
dont cette cité, autrefois si considérable, a été enrichie par les Romains.
Les Arènes (1) s'apperçoivent d'aussi
loin que la ville même.

Monument qui transmet à la postérité
Et leur magnificence et leur férocité.
Par des degrés obscurs, sous des voûtes anti-
    ques,
Nous montons avec peine au sommet des por-
    tiques.
Là nos yeux étonnés promènent leurs regards
Sur les restes pompeux du faste des Césars.
Nous contemplons l'enceinte où l'arène
    souillée

Par tout le sang humain dont elle fut mouillée,
Vit tant de fois le peuple ordonner le trépas
Du combattant vaincu qui lui tendait les bras.
Quoi! dis-je, c'est ici, sur cette même pierre
Qu'ont épargné les ans, la vengeance et la
    guerre;
Que ce sexe si cher au reste des mortels,
Ornement adoré de ces jeux criminels,
Venait d'un front serein, et de meurtres avide,
Savourer à loisir un spectacle homicide!
C'est dans ce triste lieu qu'une jeune beauté,
Ne respirant ailleurs qu'amour et volupté,
Par le geste fatal de sa main renversée,
Déclarait sans pitié sa barbare pensée,
Et conduisait de l'œil le poignard suspendu
Dans le flanc du captif à ses pieds étendu.

    Des voyageurs font des réflexions
à propos de tout. J'avoue, madame,
que la tirade est un peu sérieuse. Je
vous en demande pardon. La vue d'un
amphithéâtre romain a réveillé en moi
les idées tragiques.

    Ce serait ici le lieu de vous donner

quelque idée des autres antiquités de Nîmes. La Tour-Magne (2), le temple de Diane, et la fontaine qui est auprès, ont dans leurs ruines même quelque chose d'auguste. Mais ce qu'on appelle la Maison quarrée (3), édifice qu'on regarde comme le monument de toute l'antiquité le plus conservé, frappe et fixe les yeux les moins connaisseurs.

On trouve à chaque pas des bas-reliefs et des inscriptions. Les aigles romaines, plus ou moins entières, se voient par-tout. Enfin, par je ne sais quel enchantement, on s'imagine, plus de treize cents ans après l'expulsion totale des Romains hors des Gaules, se retrouver avec eux, habiter encore une de leurs colonies. Nous en séjournâmes plus long-temps à Nîmes. Un jour franc nous suffit à

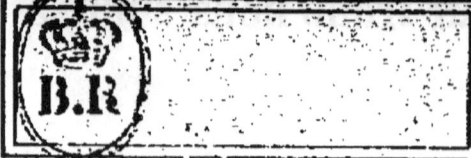

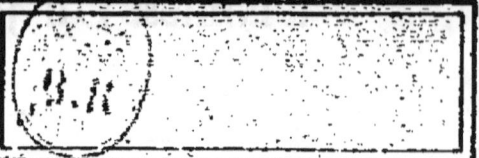

Bovinet sculp.

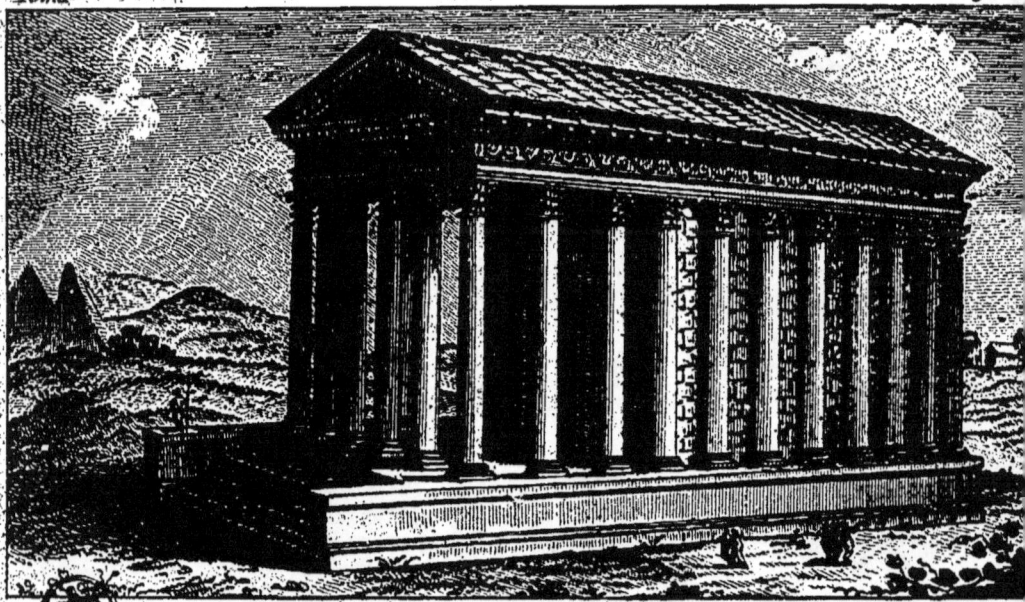

peine pour tout voir et revoir. Ce temps, d'ailleurs, graces à M. d'A★★★, ne pouvait être mieux employé ; il ne nous quitta point ; et l'on ne saurait rien ajouter à la réception qu'il nous fit.

Or donc prions la Providence
De placer toujours sur nos pas
Le Languedoc et la Provence,
Et sur-tout messieurs de Duras :
Rencontre douce et gracieuse
Pour les voyageurs, leurs amis,
Autant qu'elle serait fâcheuse
Pour les bataillons ennemis.

Il nous restait le pont du Gard (4). Notre curiosité, excitée de plus en plus, nous fit quitter le chemin de la poste. Après une infinité de détours tortueux entre deux montagnes, nous nous trouvâmes sur les bords du Gardon, ayant en perspective le pont, ou plutôt trois ponts l'un sur l'autre.

> Pour vous peindre le pont du Gard,
> Il nous faudrait employer l'art
> Et le jargon d'un architecte,
> Mais nous pensons qu'à cet égard,
> De notre couple trop bavard,
> La science vous est suspecte;
> Aussi, sans courir de hasard,
> Notre muse très-circonspecte
> Ne fera point de fol écart
> Sur ces arches qu'elle respecte,
> Qui sans doute périront tard.

Ici, madame, l'admiration épuisée fait place à une surprise mêlée d'effroi. Il nous fallut plusieurs heures pour considérer ce merveilleux ouvrage. Imaginez deux montagnes séparées par une rivière, et réunies par ce triple pont, où la hardiesse le dispute à la solidité. Nous grimpâmes

jusques sur l'aqueduc, que nous traversâmes presque en rampant d'un
bout à l'autre,

> Offrant un culte romanesque
> A ces lieux dérobés aux coups
> De la barbarie arabesque;
> Et même échappés au courroux
> De ce pourfendeur gigantesque (5),
> Qui des Romains fut si jaloux,
> Que sa fureur détruisit presque
> Ce que le temps laissait pour nous;
> Examinant à deux genoux
> Un débris de peinture à fresque,
> Et d'un œil anglais ou tudesque
> Dévorant jusques aux cailloux.

Puis quittant à regret, quoiqu'a-
vec une sorte de confusion, un monument trop propre à nous convaincre
de la supériorité sans bornes des Romains, nous poursuivîmes notre route,
et ne fûmes plus occupés après cela
que du plaisir de revoir bientôt un

ami fort cher que nous allions chercher de si loin. Cette idée flatteuse
fut le sujet de notre conversation le
reste de la journée. Sur le soir, l'ap-
proche de Villeneuve fit diversion à
nos entretiens. Du haut de la montagne, d'où nous l'apperçumes, cette
jolie ville paraît être dans la plaine,
quoique sur une côte fort élevée. La
beauté du paysage et la largeur du
Rhône forment le point de vue le plus
surprenant et le plus agréable.

C'est ici que du Languedoc
Finit la terre épiscopale.
A l'autre rive, sur un roc,
Est la citadelle papale,
Que sous la clef pontificale,
Les gens de soutane et de fioc
Défendraient fort bien dans un choc,
Avec une ardeur sans égale,
Contre les troupes de Maroc,
La mer leur servant d'intervalle.

Nous

Nous passâmes les deux bras du Rhône, et nous arrivâmes à Avignon, au milieu des cris de joie et des acclamations d'un peuple immense. N'allez pas croire que tout ce tintamarre se fît pour nous. On célébrait alors dans cette ville l'exaltation de Benoît XIV. Les fêtes duraient depuis trois jours. Nous vîmes la dernière, et sans doute la plus belle.

Nos yeux en furent éblouis.
L'art, la richesse, l'ordonnance
Avaient épuisé la science
Des décorateurs du pays.

Au milieu d'une grande place
Douze fagots mal assemblés
D'une nombreuse populace
Excitaient les cris redoublés.
Tout autour cinquante figures,
Qu'on nous dit être des soldats,
Pour faire cesser le fracas,
Vomissaient un torrent d'injures;

11

Mais, de peur des égratignures,
Ils criaient, et ne bourraient pas.

Alors les canons commencèrent.
Le commandant, vêtu de bleu,
Aux fusiliers qui se troublèrent,
Permit de se remettre un peu.
Puis leurs vieux mousquets ils levèrent :
Trente-quatre firent faux-feu,
Et quatorze en tirant crevèrent.
Si personne ne fut tué,
Ou pour le moins estropié,
Par cette comique décharge,
C'est un miracle, en vérité,
Qui mérite d'être attesté.
Mais nous prîmes soudain le large,
Voyant que l'alguazil major
Voulait faire tirer encor.

Nous entrâmes en diligence
Au palais de son excellence,
Monseigneur le vice-légat.
C'est là que pour Rome il préside,
Et c'est dans sa cour que réside
Toute la pompe du Comtat.

D'abord ni lanterne ni lampe
La nuit n'éclaire l'escalier :
Il fallut, pour nous appuyer,
A tâtons, du fer de la rampe
L'un et l'autre nous étayer.
Après avoir à l'aventure
Fait en montant plus d'un faux pas,
Nous trouvons une salle obscure,
Où, sur quelques vieux matelas,
Quatre suisses de Carpentras
Ne buvaient pas l'eau toute pure.
Mais rien de plus ne pûmes voir.

Un vieux prêtre, entr'ouvrant la porte
D'un appartement assez noir,
Dit : Allons, vite, que l'on sorte ;
Tout est couché, messieurs, bon soir.

Notre ambassade ainsi finie,
Nous revînmes à notre hôtel,
Où Dieu sait quelle compagnie,
D'une table assez mal servie,
Dévora le régal cruel.

La maîtresse, d'ailleurs polie,
Pour nous exprès avait trouvé

Un de ces batteurs de pavé,
Vrais doyens de messagerie,
Sur le front desquels est gravé
Qu'ils ont menti toute leur vie.

Il venait de passer les monts.
Mon bavard, sans qu'on le semonce,
Faisant demande et réponse,
Parle d'églises, de sermons,
De consistoires, d'audiences,
De prélats, de nonains, d'abbés,
De moines et de sigisbés,
De miracles et d'indulgences,
Du doge et des procurateurs,
Des francs-maçons et des trembleurs,
De l'opéra, de la gazette,
De Sixte-Quint, de Tamerlan,
De Notre-Dame de Lorette,
Du sérail et de Kouli-Kan,
De vers et de géométrie,
D'histoire, de théologie,
De Versailles, de Pétersbourg,
Des conciles, de la marine,
Du conclave, de la tontine,
Et du siége de Philisbourg,
Il partait pour le nouveau-monde.

Mais de fureur je me levai,
Et promptement je me sauvai,
Comme il faisait déja sa ronde
Dans les plaines du Paraguay.

J'arrive enfin au domicile,
Qui, jusqu'au retour du sol·l,
Semblait au moins pour mon sommeil
M'assurer un commode asyle;
J'y fus aussitôt infecté
Par l'odeur d'un suif empesté,
Reste expirant de la bougie,
Dont, avec prodigalité,
Toute cette ville ébaudie
Ornait portail et galerie
En l'honneur de sa sainteté.

Je n'en fus pas quitte pour ce vilain
parfum. Un nuage de cousins me tint
compagnie toute la nuit; ce qui me
rappela fort désagréablement un certain voyage d'Horace, dont la relation
vaut un péu mieux que celle-ci.

— Cependant l'aurore vermeille
Répand ses feux sur l'horizon.
Je me lève, l'abbé s'éveille,
J'entends le fouet du postillon.
Ce fut pour moi bruit agréable.
Adieu donc ville d'Avignon,
Ville pourtant très-respectable,
Si dans tes murs tout curieux
Qui va voir faire l'exercice
Risquait moins sa vie ou ses yeux,
Et qu'un bon ordre de police
Mît tous les conteurs ennuyeux
Dans les prisons du saint-office.

Rien de plus beau que l'entrée du Comtat par le Languedoc ; rien de plus charmant que la sortie d'Avignon par la Provence.

Des deux côtés d'un chemin, comparable à ceux du Languedoc, règnent des canaux qui le traversent en mille endroits. La Durance en fournit une partie ; les autres viennent de

Vaucluse. Le cristal transparent des uns, l'eau trouble des autres, font démêler aisément la différence de leurs sources. De hauts peupliers, semés sans ordre, y défendent du soleil, dont l'ardeur commence à être extrême. On touche à la province du royaume la plus méridionale. La Durance, qu'on passe à Bompar, nous fit entrer insensiblement en Provence.

D'arides chemins, une chaîne de montagnes, des oliviers pour toute verdure, telle est la route qui nous conduisit à Aix, grande et belle ville qui vaut bien un article à part. Nous vous le réservons, madame, pour le second volume de cet ouvrage mémorable.

Ici finira, en attendant, le bavardage du couple d'amis voyageurs,

qu'un second passage de la Durance,
à quatre ou cinq lieues d'Aix, fit enfin
arriver au terme de leurs courses, au
château de M.***

C'est de ce brûlant rivage,
Dont l'ardente aridité
Offre le pin pour bocage,
Un désert pour paysage
Par les torrens humecté ;
Lieux où l'oiseau de carnage
Dispute au hibou sauvage
D'un roc la concavité,
Un chêne détruit par l'âge ;
Noir théatre de la rage
De plus d'un vent redouté,
Où l'époux peu respecté
D'une déesse volage,
Forge par maint alliage
Les traits de la déité,
Qui d'un sourcil irrité
Étonne, ébranle, ravage
L'univers épouvanté.

Mais laissons ce radotage.
De ce lieu très-peu flatté,
J'ose vous offrir l'hommage
D'un mortel peu dans l'usage
De trahir la vérité.

Si réunir tout suffrage,
Sans l'avoir sollicité;
Si noblesse sans fierté,
Agrément sans étaláge,
Raison sans austérité,
Font un unique assemblage;
Ces traits, votre heureux partage,
Honorent l'humanité.

Hélas ! la naïveté
De ce compliment peu sage
Doit vous plaire davantage
Qu'un discours plus apprêté,
Dont le brillant verbiage
Manque de réalité.

Si de ma témérité
J'ai cru cacher le langage,
Sous l'auspice accrédité
De l'agréable voyage,

Qui par fameux personnage
Va vous être présenté,
Pardonnez ce badinage;
Voyez mon humilité :
De l'éclat d'un faux plumage
Je ne fais point vanité.
La modestie à mon âge
N'est commune qualité.

On vous ment sur M.***, madame la comtesse. L'auteur, très-véridique d'ailleurs, s'est égayé sur la peinture qu'il fait de lui et de ses états. Il vous donne pour un désert affreux un séjour aussi beau qu'il soit possible d'en trouver dans un pays de montagnes.

Car nous lisons dans des chroniques,
Qui ne sont pas encor publiques,
Qu'autrefois le bon roi René (6),
Dans cet asyle fortuné,
Faisait des retraites mystiques.

On voit même un canal fort nèt,
Où, sans tasse ni gobelet,
Ce roi buvait l'eau vive et pure,
Dont la fraîcheur et le murmure
L'endormaient dans un cabinet
Formé de fleurs et de verdure;
Et de nos jours une beauté
Qui n'était rien moins que bigote,
Avec une sœur peu dévote
Y chercha l'hospitalité.
C'était la fugitive Hortense,
Laquelle, nous dit-on ici,
Sur les rives de la Durance,
Ne pourchassait pas son mari.

Voilà ce que c'est, madame, que
ce lieu si fort défiguré par son seigneur. Que ne peut-on vous faire
connaître aussi, telle qu'elle est, la
dame du château! Cette entreprise
passe nos forces. Il est difficile de
bien louer ce qui est véritablement
louable. Peindre madame la marquise

de M** (7), c'est peindre la douceur,
la raison, les bienséances, et la vertu
même.

Oh! pour cette fois taisons-nous!
Dieu vous garde, aimables époux,
Que chacun chérit et révère.
De notre long itinéraire
L'ennui retombera sur nous,
S'il n'a le bonheur de vous plaire.

SUITE

SUITE

DU VOYAGE

DE LANGUEDOC

ET DE PROVENCE.

A M.***, le 28 octobre 1740.

IMAGINEZ trois voyageurs,
Et qui pourtant ne sont menteurs,
Qu'une voiture délabrée,
Par deux maigres chevaux tirée,
Pendant trois jours a fracassés,
Disloqués, meurtris et versés
Jusqu'a certain lieu plein d'ornières,
Où lesdits chevaux morts de faim,
Malgré mille coups d'étrivières,
Se sont arrêtés en chemin,
Nous faisant clairement comprendre
Qu'ils avaient assez voyagé;
Que de nous ils prenaient congé,
Et qu'ils nous priaient de descendre.

Jugez donc, après ce cadeau,
De quel air, sans feu ni manteau,
Par une nuit très-pluvieuse,
Notre troupe, fort peu joyeuse,
Traversant à pied maint côteau,
Au bout d'une route scabreuse
Parvient enfin jusqu'au château.
Peignez-vous dans cette aventure
Trois têtes, dont la chevelure,
Distillant l'eau de toutes parts,
Imite assez bien la figure
Des Scamandres et des Sangars.

Voilà, madame, le portrait au naturel d'un marquis fort aimable, d'un sénateur qui ne peut se louer lui-même, parce qu'il tient la plume, et d'un très-joli chevalier de saint Jean de Jérusalem. Nous arrivons; et mon premier soin, dans l'attirail que je viens de vous décrire, est d'obéir à vos ordres. Ma première gazette a eu le bonheur de vous plaire. Je vais risquer la seconde avec l'aide de mes compagnons.

> Demain nos muses reposées,
> Fraîches, vermeilles et frisées,
> Mettront d'accord harpes et lut,
> Et vous paieront leur tribut.

29 *octobre* 1740.

NOUS voici bien éveillés, quoiqu'il ne soit que midi. L'atelier est prêt : nous commençons sans préambule.

Victimes de notre curiosité, nous partîmes le 15 de ce mois. La description de notre équipage paraît propre à être placée dans un ouvrage fait uniquement pour vous amuser,

Toi qui crayonnes en pastel,
Viens, accours, muse subalterne;
Peins-nous partant d'un vieux châtel
Plus fiers que gendarmes de Berne.
Et toi, railleur universel,
Dieu polisson, je me prosterne
Devant ton agréable autel.
Ton influence me gouverne :
Père heureux de la baliverne,
Prête à ma muse ce vrai sel
Dont tu sus enrichir Miguel (8),
Et priver tout auteur moderne.

Tel qu'en sortant du Toboso,
Le sieur de la Triste-figure,
Piquant sans succès sa monture,
Malgré les conseils de Sancho,
Courut, suivant son vertigo,
Aux moulins servir de monture;
De même en piteuse voiture,
Chacun de nous criant : Ho! ho!
Bravant et chûte et meurtrissure,
Voulut faire trotter Clio.
Pour moi, trop faible par nature,
J'osai, chétive créature,
Me plaindre autrement qu'IN PETTO.
Soit respect de la prélature,
Ou devoir de magistrature,
Nul autre n'osa faire écho.

L'abbé seul perdit l'équilibre.
Mais avant que d'en venir là;
Pour se défendre en homme libre,
Il tendit veine, nerf et fibre;
Mais sa bête enfin l'entraîna.

Nous n'eûmes que la peur de son
accident :

Il sut s'en tirer à merveille,
Et troqua son maudit bidet
Contre une bête à longue oreille,
Qui n'est ni lièvre ni baudet.

Les Espagnols, gens, selon eux,
fort sages, estiment infiniment ce
genre de monture, et l'abbé pourrait
certifier qu'ils n'ont pas tort. Quoi
qu'il en soit, l'équipage que je viens
de vous détailler nous conduisit au
château de Latour-d'Aigues (9), monument, dit-on, de l'Amour et de la
Folie.

Le nom seul des deux ouvriers
Ne préviendra pas pour l'ouvrage;
Ce couple n'est point dans l'usage
De suivre des plans réguliers;
Et ce serait sottise pure
De les prendre pour nos maçons,
S'il fallait par leurs actions
Juger de leur architecture.

Mais ils ont eu le bon sens de choisir un habile architecte pour bâtir la maison de Latour. D'autres vous en feraient une brillante description. Plus d'un voyageur vous parlerait de l'esplanade qui est au-devant de la principale porte, des fossés profonds, revêtus de pierre et pleins d'eau vive, dont le château est environné ; d'une façade estimée des connaisseurs ; enfin d'une fort belle tour quarrée qui s'élève au-dessus de deux grands corps-de-logis, et qu'on assure avoir été construite par les Romains.

Ma muse, en rimes relevées,
Pourrait vous tracer dans ses vers
Des bosquets, bravant les hivers
Sur des voûtes fort élevées ;
Tels qu'aux dépens de ses sujets,
Jadis une reine amazone
En fit planter à Babylone
Sur le faîte de son palais.

Laissons ce détail à des peintres
d'architecture et de paysage, ou à
des faiseurs de romans. Mais vous ne
serez, peut-être pas fâchée de savoir
à qui la Provence est redevable de
ce bâtiment, qui fait une des curio-
sités de cette province; c'est au baron
de Sental. Ce gentilhomme l'avait
destiné pour être l'habitation d'une
princesse dont les aventures ne sont
pas ignorées,

Or ce baron de Sental
Fut épris d'une héroïne
Qui lui donna maint rival;
Voyageant en pélerine
Tantôt bien et tantôt mal :
Villageoise ou citadine,
Promenant son cœur banal,
De la cour de Catherine
A quelque endroit moins royal.
Cette dame de mérite
Fut la reine Marguerite,

Non celle à l'esprit badin,
Qui des tendres amourettes
Des moines et des nonettes
A fait un recueil malin;
Mais sa nièce tant prônée,
Dont notre bon roi Henri
Fut pendant plus d'une année
Le très-affligé mari,
Et qui, plus qu'une autre femme,
Porta gravé dans son ame
Le commandement divin
De l'amour pour le prochain.

On trouve dans mille endroits du
château les chiffres de la reine et du
baron, accompagnés de trois mots
latins, que je vais vous citer en original pour faire parade d'érudition :
SATIABOR CUM APPARUERIT. Si j'o-
sais vous traduire ce latin, vous avoue-
riez, madame, qu'il dit beaucoup en
peu de paroles.

Au demeurant la gentille princesse
Ne vit jamais ce lieu si beau;
Et le baron, qui l'attendait sans cesse,
En fut pour les frais du château.

En quittant Latour, nous prîmes
une route qui nous conduisit dans un
pays assez bizarre pour exercer le
pinceau d'un voyageur. Au sortir d'un
précipice, où nous courûmes une espèce de danger, nous entrâmes dans
un chemin resserré entre deux montagnes escarpées. Ce défilé s'élargit
dans quelques endroits, et devient
alors aussi agréable que le vallon le
plus cultivé. On découvre de temps
en temps, à travers les ouvertures du
rocher, des emplacemens qui ressem-
blent assez à de grandes cours de vieux
châteaux, entourés de hautes murailles.

Du temps des chèvrepieds cornus,
Les Sylvains, les Faunes velus,
Habitaient ce réduit sauvage,
C'est là qu'aux jours du carnaval
Silène et Pan donnaient le bal
Aux Driades du voisinage.

Ce lieu n'est plus aussi profané,
Des missionnaires zélés y ont fait graver, de toutes parts, sur les arbres et
sur les pierres, des passages tirés de
l'Écriture, et de petites sentences propres à édifier les passans;

Nous nous trouvâmes le soir aux
portes d'Apt. Saviez-vous, madame,
qu'il y eût une ville d'Apt? Et, savez-
vous ce que c'est que la ville d'Apt?
Nous serions fort embarrassés de vous
le dire.

Lorsque nous y sommes entrés,
Les cieux n'étaient point éclairés
Par la lune ni les étoiles,

Et quand nous en sommes sortis,
L'Aurore et l'époux de Procris,
Étaient encore dans les toiles.

Tout ce que nous pouvons faire en faveur de la ville d'Apt, c'est de la supposér grande, belle, peuplée, riche, et bien habitée. Car, en bonne politique, il faut vanter les pays où l'on voyage.

Nous arrivâmes cette même matinée à Vaucluse (10). C'est un de ces lieux unique où la nature a voulu se singulariser. Il paraît avoir été fait exprès pour la muse de Pétrarque. Ce fameux vallon est terminé par un demi-cercle de rochers d'une prodigieuse élévation, et qu'on dirait avoir été taillés perpendiculairement. Au pied de cette masse énorme de pierres, sous une voûte naturelle, que son obscurité rend effrayante à la vue,

sort

Fontaine de Vaucluse..

sort d'un gouffre dont on n'a jamais trouvé le fond, la rivière appelée la Sorgue. Un amas considérable de rochers forme une chaussée au-devant, mais à plusieurs toises de distance de cette source profonde. L'eau passe ordinairement par des conduits souterrains, du bassin de la fontaine, dans le lit où elle commence son cours. Mais dans le temps de sa crue, qui arrive, nous dit-on, aux deux équinoxes, elle s'élève impétueusement au-dessus d'une espèce de môle, dont un voyageur géomètre aurait mesuré la hauteur.

Là, parmi des rocs entassés,
Couverts d'une mousse verdâtre,
S'élancent des flots courroucés
D'une écume blanche et bleuâtre.
La chûte et le mugissement
De ces ondes précipitées,

Dés mers par l'orage irritées
Imitent le frémissement.
Mais bientôt moins tumultueuse,
Et s'adoucissant à nos yeux,
Cette fontaine merveilleuse
N'est plus un torrent furieux.
Le long des campagnes fleuries,
Sur le sable et sur les cailloux,
Elle caresse les prairies
Avec un murmure plus doux.
Alors elle souffre sans peine
Que mille différens canaux
Divisent au loin dans la plaine
Le trésor fécond de ses eaux.
Son onde, toujours épurée,
Arrosant la terre altérée,
Va fertiliser les sillons
De la plus riante contrée
Que le dieu brillant des saisons,
Du haut de la voûte azurée,
Puisse échauffer de ses rayons.

Le chemin qui nous mena du village à la fontaine est un sentier étroit
et pierreux que la curiosité seule peut

LAURUS.

N. le Mire del. & sc.

PETRARQUE.

N. Le Mire del. &.

rendre praticable. Les pieds délicats
de Laure devaient souffrir de cette
promenade, et le doux Pétrarque (11)
n'avait pas peu de peine à la soutenir.

Mais ce sentier, tout escarpé qu'il semble,
Sans doute Amour l'adoucissait pour eux,
Car nul chemin ne paraît raboteux
A deux amans qui voyagent ensemble.

Après avoir assez examiné la fontaine, nous livrâmes le chevalier et
l'abbé à la merci de notre guide.
Nous avions apperçu une grotte dans
un angle de la montagne. Nous
crûmes que les deux héros de Vaucluse pourraient bien y avoir laissé
quelque trace de leurs amours. Depuis l'aventure d'Énée et de Didon,
toutes les grottes sont suspectes. Celle-
ci, disions-nous, a peut-être rendu
le même service à Laure et à Pétrarque. Au moins y trouverons-nous

quelque chanson ou quelque sonnet.
Le bon homme en mettait par-tout.
En faisant ces réflexions, nous par-
vînmes, non sans peine, à l'entrée de
la caverne. Nous y entrevîmes aussitôt une figure humaine qui s'ayan-
çait gravement vers nous,

La barbe longue, la peau bise,
Un gros volume dans les mains;
Une mandille noire et grise,
Et le cordon autour des reins.
C'est, dîmes-nous, un solitaire,
Qui pleure ici ses vieux péchés.
Bon jour, notre révérend père;
Vous voyez dans votre tanière
Deux étrangers, qui sont fâchés
D'interrompre votre prière.
Qu'est-ce donc, insolens? Eh quoi!
Est-ce ainsi qu'on me rend visite?
Osez-vous, sans pâlir d'effroi,
Prendre pour un coquin d'hermite
Un personnage tel que moi?
Je suis....

Nous avions oublié, madame, de vous demander un profond secret sur cette histoire. On nous traiterait de visionnaires. Nous vivons dans un siècle d'incrédulité, où les apparitions ne font pas fortune. Cependant, foi de voyageurs, rien n'est plus vrai que celle-ci.

Je suis, nous dit d'un air rigide
Ce vieillard au maigre menton,
Le contemporain de Caton :
Des Gaulois l'oracle et le guide ;
Le grand-prêtre de ce canton ;
Pour tout dire enfin, un druide.

Vous, un druide, monseigneur !
Reprîmes-nous avec grand'peur.

Ne soyez point scandalisée, madame, de ce mouvement de crainte. L'édie seule de rencontrer des druides

dans la forêt de Marseille, fit trembler
l'armée de César.

Ne vous mettez point en colère,
Illustre évêque des Gaulois ;
Que votre grandeur débonnaire
Nous pardonne pour cette fois.
Demeurez en santé parfaite
Dans votre lugubre retraite ;
Nous n'y retournerons jamais.
Et n'allez pas vous mettre en tête
De nous réserver pour la fête
De votre vilain Teutatès.

Le pontife se prit à rire.
Allez, je ne suis pas méchant.
Je connais ce qui vous attire,
Et vous aurez contentement.
Vous saurez, sans passer la barque
Où l'on entre privé du jour,
Comme Laure et son cher Pétrarque,
Dans ce délicieux séjour,
Plus contens que reine et monarque,
A petit bruit faisaient l'amour.

Ses promesses ne furent vaines :
Il fit un cercle, il y tourna :
Par trois fois l'Olympe tonna ;
Le rocher entr'ouvrit ses veines ;
Et par des routes souterraines,
Un tourbillon nous entraîna.

Cette opération magique nous conduisit au plus beau lieu que l'imagination puisse se figurer. Une nymphe, avertie sans doute par le signal, vint nous recevoir,

Teint frais, œil vif, bouche vermeille,
Un bouquet de fleurs sur le sein ;
Chapeau de paille sur l'oreille,
Et tambour de Basque à la main.

Venez, dit-elle ; cet asyle,
Que vous n'habiterez jamais,
N'eut dans son enceinte tranquille
Qu'un seul couple d'amans parfaits.
Toujours heureux, toujours fidèles,
Lauré et Pétrarque dans ces lieux,

Dans leurs caresses mutuelles
Ont fait cent fois envie aux dieux.
Mais déja votre ame est émue
De l'image de leurs plaisirs.
L'amour exauça leurs desirs
Par-tout où s'étend votre vue :
Tantôt au pied de ce côteau,
Près de ces ondes qui jaillissent;
Souvent sous cet épais berceau,
Que ces orangers embellissent;
Ici, quand le flambeau du jour
De ses feux brûlait la verdure;
Plus loin, quand la nuit à son tour
Venait rafraîchir la nature.
Lisez, en caractères d'or,
Sur ces portiques, sur ces marbres,
Ces vers plus expressifs encor
Que ceux qu'Angélique et Médor
Gravaient ensemble sur les arbres.

Eh quoi! dîmes-nous avec surprise,
sont-ce là ces chastes amours dont le
poëte italien nous berce dans ses son-
nets et dans ses chansons?

Et que deviendra la morale
Que dans ses triomphes pieux,
Sa muse en vers religieux
Avec emphase nous étale !

Elle est toujours bonne pour la
théorie, répliqua notre conductrice.
D'ailleurs il y a plus de quatre cents
ans que Pétrarque et Laure s'ai-
maient ;

C'était alors la mode de se taire.
Un indiscret n'aurait point été cru ;
    Et dans ce siècle, le mystère
    Passait hautement pour vertu.

On évitait les mouvemens extrêmes,
Les vains discours, les éclats imprudens.
    Pour amis et pour confidens
    Deux jeunes cœurs n'avaient qu'eux-
mêmes.

Pétrarque enfin savait jouir tout bas,
l'avorisé sans le faire connaître ;

Et d'autant plus heureux de l'être,
Qu'on croyait qu'il ne l'était pas.

Faites votre profit de cela, conti-
nua-t-elle, s'il en est encore temps.
Adieu; pour des mortels vous avez
eu une assez longue audience d'une
nymphe : retournez joindre vos cama-
rades, et ne dites au moins que ce que
vous avez vu. A ces mots, nous fûmes
enveloppés d'un nuage, qui nous re-
porta dans un clin-d'œil à Vaucluse.

Nous remontâmes à cheval. Notre
voyage dans les plaines du Comtat ne
fut de notre part qu'un cri d'admiration. Les canaux tirés de la Sorgue
nous suivaient par-tout, et nous ré-
pétions continuellement, comme en
chœur d'opéra :

Lieux tranquilles, ondes chéries,
Nymphe aimable, flots argentés,

Ranimez l'émail des prairies :
Fontaine, vos rives fleuries,
Ces arbres sans cesse humectés,
Séjour des oiseaux enchantés,
Nous rappellent les bergeries,
Lieux autrefois si fréquentés,
Et dont les touchantes beautés
Ne sont plus qu'en nos rêveries.

Nous aurions voulu nous arrêter à Lille. Le temps ne nous le permit pas. Nous eûmes cependant le loisir d'en considérer la délicieuse situation. C'est un terroir que la nature et le travail se disputent l'honneur d'embellir. La Sorgue qui, dans tout son cours, ne perd jamais sa couleur ni sa pureté, enveloppe entièrement la ville de ses eaux.

C'est, dit-on, dans ses murs célèbres,
Que le malin sut autrefois
Faire glisser dans le harnois

D'un poëte, entendant ténèbres,
D'un fol amour le feu grégeois.

C'est en effet à Lille que Pétrarque
vit pour la première fois, à l'office du
vendredi-saint, l'héroïne que ses vers
ont rendu immortelle. Nous sommes
même persuadés que la beauté du pays
a eu autant de part à ses retours fré-
quens, que la constance de sa passion.
On ne peut rien imaginer de plus séduisant que cette partie du Comtat :
des champs fertiles, plantés comme
des vergers, des eaux transparentes,
des chemins bordés d'arbres ;

Tel fut sans doute, ou peu s'en faut,
Le lieu que la main du Très-Haut
Orna pour notre premier père :
Jardin où notre chaste mère,
Par le diable prise en défaut,
Trahit son époux débonnaire :

Par

Par quoi ce doyen des maris
Vit ses jours doublement maudits,
Et murmura, dit-on, dans l'ame,
D'être chassé du paradis
Sans y pouvoir laisser sa femme.

Nous fûmes coucher à Cavaillon, et
nous y arrivâmes d'assez bonne heure
pour pouvoir parcourir les promenades et les dehors de la ville, qui
sont agréablement ornés. Le lendemain il fallut nous résoudre à quitter
cet admirable pays. Nous en sortîmes
en passant la Durance; et ce fut en
mettant le pied dans le bateau, qu'un
de nous entonna pour les autres :

Adieu, plaines du Comtat,
Beaux lieux que la Sorgue arrose,
Adieu : mille fois béat
Le mortel qui se repose
Dans votre charmant état !

14

Loin de l'orgueilleux éclat
Qui souvent aux sots impose :
Loin de la métamorphose
Du fermier et du prélat,
Tout est soumis à sa glose,
Hors le bon vice-légat,
Qu'il doit respecter pour cause.

Le soleil couchant nous vit arriver à Aix. Il y eut ce jour-là deux entrées remarquables dans cette ville ; celle d'un cardinal et la nôtre. Vous jugez bien, après la peinture du départ de M.***, qu'il y avait de la différence entre nos équipages et ceux de l'éminence. M. le cardinal d'Auvergne venait de faire un pape, et nous de rendre visite aux druides et aux nymphes. Un quart-d'heure de grotte enchantée vaut bien six mois de conclave. Quoi qu'il en soit, le même instant nous rassembla tous à Aix.

Nous y entrâmes par ce cours si renommé (12),

Que les balcons et portiques,
De vingt hôtels magnifiques,
Ornent en divers endroits.
Ces lieux, dit-on, autrefois
Étaient vraiment spécifiques
Pour rendre plus piolifiques
Les moitiés de maints bourgeois.
Mais maintenant, moins Gaulois,
Ils savent mieux les rubriques ;
Et les maris pacifiques
Reçoivent l'ami courtois
Dans les foyers domestiques.
Quelques arbres inégaux,
Force bancs, quatre fontaines,
Décorent ce long enclos,
Où gens qui ne sont point sots,
De nouvelles incertaines
Vont amuser leur repos.

Voilà une assez mauvaise plaisanterie, que nous vous livrons pour ce

qu'elle vaut. A parler vrai, la capitale de la Provence est également au-dessus de la critique et de la louange. Nous l'avons vue dans un temps où les campagnes sont peuplées aux dépens des villes. Mais nous avons jugé de ce qu'elle doit être, par la maison de M. et de M.ᵉ de la T.***, qui occupent les premières places de la province, et qui sont faits l'un et l'autre pour les remplir au gré des citoyens et des étrangers.

Le ciel de plus mit un essaim de belles
Dedans ces murs qu'on ne peut trop vanter.
Si Dieu les fit ou tendres ou cruelles,
Sur ce point-là je ne puis vous citer
Discours, chansons, chroniques, ni nouvelles:
Fors que pourtant je dois vous attester
Sur le récit de maints auteurs fidèles,
Que point ne faut séjourner avec elles,
Si l'on ne veut long-temps les regretter.

Aussi, madame, prîmes-nous notre parti en gens de précaution. Nous ne demeurâmes que deux jours et demi à Aix.

Nous voici enfin à Marseille (13). C'est une de ces villes dont on ne dit rien pour en avoir trop à dire. Elle ne ressemble point aux autres villes du royaume. Sa beauté lui est particulière. Ses dehors même et ses environs ne sont pas moins singuliers. C'est un nombre infini de petites maisons, qui n'ont, à la vérité, ni cour, ni bois, ni jardin, mais qui composent en total le coup-d'œil le plus vivant qu'il y ait peut-être au monde. Que l'aspect de ce port est frappant!

Telles jadis en souveraines
Occupaient le trône des mers,
Carthage et Tyr, puissantes reines
Du commerce de l'univers.

14.

Marseille, leur digne rivale,
De toutes parts à chaque instant
Reçoit les tributs du couchant
Et de la rive orientale.
Vous y voyez soir et matin
Le Hollandais, le Levantin :
L'Anglais sortant de ces demeures
Où le laboureur, l'artisan,
N'ont jamais vu, pendant trois heures,
Le soleil pur quatre fois l'an :
Le Lapon, qui naît dans la neige;
Le Moscovite, le Suédois,
Et l'habitant de la Norwège,
Qui souffle toujours dans ses doigts.
Là, tout esprit qui veut s'instruire
Prend de nouvelles notions.
D'un coup-d'œil on voit, on admire,
Sous ce millier de pavillons,
Royaume, république, empire :
Et l'on dirait qu'on y respire
L'air de toutes les nations.

M. d'H.***, intendant des galères,
chez qui nous dînâmes le lendemain
de notre arrivée, nous fit voir, dans le

plus grand détail, les parties les plus curieuses de l'arsenal. La salle d'armes est fort belle. Ce sont deux grandes galeries qui se coupent en croix. Les murailles en sont revêtues d'espaliers de fusils et de mousquetons. D'espace en espace s'élèvent, avec symétrie, des pyramides de sabres, d'épées, de baïonnettes d'une blancheur éblouissante. Les plafonds sont décorés d'un bout à l'autre de soleils composés de même, c'est-à-dire de rayons de fer. On a mis aux extrémités de la salle de grands trophées de tambours, de drapeaux et d'étendards, qui paraissent gardés par des représentations de soldats armés de toutes pièces.

Ces lieux où reposent les dards,
Que la mort fournit à la gloire,

Offrent ensemble à nos regards
L'horrible magasin de Mars
Et le temple de la Victoire.

Après le dîner, M. d'H.***, dont on ne peut trop louer l'esprit, le goût et la politesse, nous prêta sa chaloupe pour aller au château d'If, qui est à une lieue en mer. Les voyageurs veulent tout voir.

Nous fûmes donc au château d'If.
C'est un lieu peu récréatif,
Défendu par le fer oisif
De plus d'un soldat maladif,
Qui de guerrier jadis actif,
Est devenu garde passif,
Sur ce roc taillé dans le vif,
Par bon ordre on retient captif,
Dans l'enceinte d'un mur massif,
Esprit libertin, cœur rétif
Au salutaire correctif
D'un parent peu persuasif.

Le pauvre prisonnier pensif,
A la triste lueur du suif,
Jouit pour seul soporatif
Du murmure non lénitif,
Dont l'élément rébarbatif
Frappe son organe attentif.
Or pour être mémoratif
De ce domicile afflictif,
Je jurai, d'un ton expressif,
De vous le peindre en rime en if.
Ce fait, du roc désolatif
Nous sortîmes d'un pas hâtif,
Et rentrâmes dans notre esquif,
En répétant d'un ton plaintif:
Dieu nous garde du château d'If.

Nous regagnâmes le port à l'entrée de la nuit fort satisfaits, si ce n'était du château d'If, au moins de notre promenade sur la mer.

C'est ici que l'abbé nous quitta. Nous devions partir pour Toulon avant le jour; et lui pour la petite ville de Sallon, où il a dû présenter

son offrande et la nôtre au tombeau
de Nostradamus. Il y eut de l'atten-
drissement dans notre séparation.

> Adieu, disions-nous sans cesse,
> Ami sincère et flatteur,
> Héros de délicatesse,
> Dont le liant enchanteur
> Fait badiner la sagesse,
> Fait raisonner la jeunesse,
> Et parle toujours au cœur.

Cependant nous essuyâmes nos larmes. Il alla se coucher ; et nous fûmes
passer la nuit à table chez le chevalier
de G.***.

La route de Marseille à Toulon
n'aurait rien de distingué, sans le fameux village d'Ollioules. Ce fut là,

> Comme cent plumes l'ont écrit,
> Que la pénitente aux stigmates

Régala les nonains béates
Des beaux miracles qu'elle apprit.
Dans çe métier, qui fut son maître ?
Point n'importe de le connaître.
Quant à ce pauvre directeur,
Qu'on menaçait de la brûlure,
Hélas ! il n'eut jamais l'allure
D'un sorcier ni d'un enchanteur.

Quelques accidens de voyage nous empêchèrent d'arriver de bonne heure à Toulon. Le lendemain notre premier soin fut d'aller visiter le parc.

Neptune a bâti sur ces rives
Le plus beau de tous ses palais :
Et ce dieu l'a construit exprès
Pour son trésor et ses archives.
On y voit encor le trident
Dont il frappa l'onde étonnée,
Alors que l'Aquilon bruyant
Et sa cohorte mutinée
Firent, sans son consentement,
Larmoyer le pieux Énée.

Mais ce qui plus nous étonna,
C'est qu'on y voit les étrivières
Dont il châtia les rivières,
Quand Garonne se révolta :
Fait que l'on ne connaissait guères,
Lorsque Chapelle l'attesta.

Notre Pégase est un peu faible pour vous transporter dans ce magnifique arsenal. L'air de la mer appesantit ses ailes.

Le port de Toulon est entièrement fait de main d'homme. La rade est, dit-on, la plus belle et la plus sure de l'univers. L'immense étendue des magasins et l'ordre qui y est observé étonnent et touchent d'admiration. La corderie seule, qui est un bâtiment sur trois rangs de voûtes, a.... toises de long. Vous nous en croirez aisément, si, après tant de merveilles, nous vous disons

disons que le roi paraît plus grand là qu'à Versailles.

Le jour suivant nous fûmes nous rassasier du coup-d'œil ravissant des côtes d'Hyères. Il n'est point de climat plus riant, ni de terroir plus fécond. Ce ne sont par-tout que des citroniers et des orangers en pleine terre.

Le grand enclos des Hespérides
Présentait moins de pommes d'or
Aux regards des larrons avides
De leur éblouissant trésor.
Vertumne, Pomone, Zéphyre
Avec Flore y règnent toujours :
C'est l'asyle de leurs amours,
Et le trône de leur empire.

Nous apprîmes à Hyères, car on s'instruit en voyageant, l'effet que produisent dans l'air les caresses du

15

dieu des zéphirs et de la déesse des jardins. Vous savez, madame, qu'en approchant du pays des orangers, on respire de loin le parfum que répand la fleur de ces arbres. Un Cartésien attribuerait peut-être cette vapeur odoriférante au ressort de l'air ; et un Neutonien ne manquerait pas d'en faire honneur à l'attraction. Ce n'est rien de tout cela.

Quand par la fraîcheur du matin
La jeune Flore réveillée
Reçoit Zéphyre sur son sein,
Sous les branches et la feuillée
De l'oranger et du jasmin,
Mille roses s'épanouissent :
Les gazons plus frais reverdissent :
Tout se ranime : et chaque fleur,
Par ces tendres amans foulée,
De sa tige renouvelée
Exhale une plus douce odeur.

—Autour d'eux voltige avec grace
Un essaim de zéphyrs légers ;
L'Amour les suit, et s'embarrasse
Dans les feuilles des orangers,
Zéphyre, d'une ame enflammée,
Couvre son amante pâmée
De ses baisers audacieux.
Leur couche en est plus parfumée ;
Et dans cet instant précieux,
Toute la plaine est embaumée
De leurs transports délicieux.

Le lever de l'aurore et le coucher
du soleil sont ordinairement accompagnés de ces douces exhalaisons. Les
jardins d'Hyères ne sont pas moins
utiles qu'agréables. Il y en a un entre
autres qu'on dit valoir communément
en fleurs et en fruits jusqu'à vingt mille
livres de rente, pourvu que les brouil-
lards ne s'en mêlent pas.

Nous revînmes coucher le même

jour à Toulon. Le lendemain nous préparait un spectacle admirable. Nous allâmes dès le matin dans le parc pour voir lancer à la mer un vaisseau de guerre de quatre-vingts pièces de canon. Cette masse terrible n'était plus soutenue que par quelques pièces de bois, qu'on nomme, en terme de marine, épontilles. On les ôte successivement. Elle porte enfin sur son propre poids dans un lit de madriers enduits de graisse. Un homme alors, fort leste, abat un pieu qui retient encore le navire.

Au bruit des cris perçans qui s'élèvent dans
    l'air,
La machine s'ébranle, et fond comme l'éclair.
Tout s'éloigne, tout fuit, de sa route en-
    flammée
Le matelot tremblant respire la fumée.

Le rivage affaissé semble rentrer sous l'eau,
L'onde obéit au poids du rapide vaisseau.
La mer, en frémissant, lui cède le passage;
Il vole, et sur les flots que sa chûte partage,
De ses liens rompus dispersant les débris,
S'empare fièrement des gouffres de Thétis.

Ainsi quand sur les pas d'un héros intrépide,
La Grèce menaçait les bords de la Colchide,
Des arbres de Dodone entraînés sur les mers,
L'assemblage effrayant étonna l'univers,
De ses antres obscurs en vain l'affreux Borée
Accourut en furie au secours de Nérée;
Le vaisseau, fier vainqueur et des vents et
    des flots,
Accoutuma Neptune au joug des matelots.

Après cela, madame, quelque part
que l'on soit, il faut fermer les yeux
sur tout le reste, et partir; c'est ce
que nous fîmes sur-le-champ, quoique
avec regret. Nous quittions M. le che-
15.

valier de M.***, non pas notre compagnon de voyage, mais son frère
aîné, jeune marin de vingt-trois ans,
qui joint à beaucoup de savoir et d'expérience dans son métier le caractère
le plus sûr et l'esprit le plus aimable.
Il avait été pendant trois jours notre
patron. Je me disposais à vous ébau-
cher son portrait. Deux importuns qui
se croient en droit de faire les hon-
neurs de sa modestie, parce qu'ils
sont ses frères, m'arrachent la plume
des mains.

Heureusement pour vous, madame,
nous n'avons plus rien à conter. Nous
partons de M.*** mardi prochain.
J'aurai l'honneur de vous assurer moi-
même, dans peu de jours, de mon
très-humble respect, et de vous présenter

Un mortel qui, de vos suffrages,

Depuis long-temps connait le prix;

Le compagnon de mes voyages,

Et l'Apollon de mes écrits.

Je suis, etc.

———

Vous avez cru la besogne finie.

Voici pourtant une apostille en bref,

Ou bien en long, dont j'ai l'ame marrie :

Si, par hasard, quelque méchant génie

Vous dérobait ce fruit de notre chef,

Pour lui causer en public avanie,

(Ce qui pourrait nous porter grand méchef)

Avertissons tout lecteur débonnaire

Que ce n'est pas voyage de long cours,

Et qu'en dépit du censeur très-sévère,

Qui ne comptait ni quarts-d'heure ni jours,

Très-fort le temps importe à notre affaire.

NOTES

SUR LE

VOYAGE DE LE FRANC

DE POMPIGNAN.

———

1 (Les Arènes.) Voyez la note, page 65.

2 (Tour-Magne.) Cette tour, la seule qui existe de quatre-vingt-dix qui faisaient autrefois partie des fortifications de Nîmes, se trouve maintenant hors de la ville, sur une éminence. Ses ruines indiquent assez le caractère et la magnificence de son architecture. Y compris le soubassement, elle avait dix-neuf toises trois pieds d'élévation. Sa forme était oc-

togone. On y montait par un escalier
à repos, de dix pieds de large, pra-
tiqué dans l'intérieur, éclairé par
dix-neuf fenêtres, et composé de
vingt-deux montées de six marches
chacune ; ce qui faisait cent trente-
deux marches.

Trois ordonnances en divisaient la
hauteur. La partie au-dessus du soubassement offre encore un massif de
maçonnerie, revêtu de pierres de
taille à assises égales, couronné d'une
corniche. Au-dessus de cette corniche régnait une ordonnance plus
riche, composée de pilastres doriques, avec l'entablement du même
ordre, dont une grande partie est
bien conservée. La partie supérieure
portait des pilastres doriques d'une
plus petite proportion, accompagnés
d'un entablement et d'un attique ;

mais cette partie est absolument dé-
formée.

Comme cette tour s'élevait en py-
ramidant, la maçonnerie avait deux
pieds de retraite au-dessus de chaque
corniche. La démolition, ordonnée
par Charles-Martel, ne lui a fait
perdre que cinq à six toises de sa
hauteur.

Son élévation au-dessus de la
ville, et même au-dessus des autres
tours, a fait conjecturer que c'était
un phare pour donner des signaux.
On a encore prétendu que, du temps
des Romains, c'était le dépôt des
finances de l'empire. Certains ont
voulu que ce fût le mausolée des anciens rois du pays; d'autres, un temple
consacré à Plotine; d'autres enfin,
un temple des Volces.

3 (La Maison quarrée.) Ce bâ-

timent, aussi simple qu'élégant, et d'une proportion merveilleuse, se trouve dans la ville de Nîmes, entre la porte de la Madeleine et celle de la Bouqueterie. On cherchait depuis long–temps quelle avait pu être sa destination, lorsqu'un membre distingué de l'académie de cette ville, Jean-François Seguier, prouva, par un moyen aussi simple qu'ingénieux, que ce n'était ni un capitole, ni un prétoire, ni une basilique consacrée à Plotine. L'inscription en caractères de bronze, placée dans la frise et dans l'architrave de la principale porte d'entrée, avait été enlevée par les Barbares. Seguier rapporta sur du papier les trous dans lesquels avaient été fichés les crampons qui attachaient les lettres de métal ; les indications de ces trous, et quelques traces

traces des lettres qui étaient restées dans le mur, lui firent découvrir que ce temple avait été consacré à Caius et à Lucius, deux fils adoptifs d'Auguste, et princes de la jeunesse; l'un étant consul, et l'autre consul désigné.

Les faces extérieures offrent un péristile de trente colonnes cannelées, d'ordre corinthien, avec des chapiteaux à feuilles d'olivier, sculptées dans la plus grande perfection. Ces colonnes, excepté celles du porche, sont engagées d'un demi-diamètre dans la maçonnerie : la frise est chargée de rinceaux, d'un travail précieux : un soubassement, qui règne tout autour, porte cette ordonnance.

Le plan de l'édifice, y compris le porche, est un parallélogramme de quatorze toises de long sur huit de large et six de hauteur. La façade offre un porche formé par six colonnes couronnées d'un fronton. Au fond est la porte d'entrée, de figure quarrée, accompagnée de deux beaux pilastres. Un comble en pointe, formé de charpentes recouvertes de dalles, termine ce monument précieux, où les bas–reliefs sont singulièrement multipliés. L'acquisition qu'en fit une communauté d'Augustins a contribué à maintenir l'état de conservation où il se trouve encore aujourd'hui.

4 (Le pont du Gard.) Voyez la note, page 65.

5 (Pourfendeur gigantesque.) Charles-Martel.

6 (Le bon roi René.) René, roi de Sicile, comte de Provence et duc d'Anjou, né à Angers en 1448, était

arrière-petit-fils du roi Jean. Ses malheurs à la guerre le déterminèrent à se retirer en Provence, où il cultiva la peinture et la poésie avec assez de succès pour un siècle à demi-barbare. On le surnomma le Bon, à cause de sa popularité. Se promener au soleil, c'est encore, dans le pays, se chauffer à la cheminée du roi René.

7 (La marquise de M.***) La marquise de Mirabeau, comtesse de Caraman, mère de l'Ami des hommes, à qui ce Voyage est adressé.

8 (Enrichir Miguel.) Miguel Cervantes Saavedra, espagnol, auteur de dom Quichotte.

9 (Latour-d'Aigues.) Cette tour, bâtie au seizième siècle par Antoine-René de Bouliers, reçut divers embellissemens de Louis-Nicolas, baron de Cental, son fils, qui voulait, dit-

on, la rendre digne de recevoir la reine Marguerite de Valois. Catherine de Médicis y logea le 6 juillet 1559, et y séjourna jusqu'au lendemain au soir. C'est sans doute à cette occasion que le baron, pour lors âgé de près de quatre-vingts ans, fit graver la devise : SATIABOR CUM APPARUERIT.

10 (Vaucluse.) Cette source est à trois lieues d'Avignon. Après avoir traversé une plaine magnifique, on entre dans un vallon terminé par un demi-cercle de rochers. En continuant sa route par un sentier étroit et plein de cailloux, on trouve, au pied de ces masses énormes, un antre que son obscurité rend effrayant. Des arceaux surbaissés, des pierres brutes et mal ordonnées en forment la voûte.

On peut y entrer quand l'eau est basse. La première caverne qui se présente a plus de soixante pieds de haut ; l'autre, qui paraît avoir cent pieds de large, et presque autant de profondeur, n'a qu'environ vingt pieds d'élévation. C'est vers le milieu de cet antre, qu'on trouve la source de Vaucluse (VALLIS CLAUSA).

Ce gouffre, dont on n'a jamais trouvé le fond, est à-peu-près de forme ovale, et peut avoir dix-huit toises dans son plus grand diamètre. L'eau y est pure comme le cristal, sans mousse ni dépôt, mais crue, pesante et indigeste.

Quand la source est dans son état ordinaire, cette eau passe par des conduits souterrains dans le lit où elle commence son cours, sous le nom de rivière de Sorgue, tandis que du pied des rochers latéraux, et de distance en distance, s'élancent des

16.

gerbes d'eau qui tombent à gros bouillons dans la rivière ; mais dans les temps de crue, la source s'élève au-dessus du monticule qui la sépare du lit de la Sorgue, et va se précipiter avec fracas sur des quartiers de rochers.

11 (Pétrarque.) François Pétrarque, né à Arezzo en Toscane, en 1304, passa ses premières années à Carpentras, dans le Comtat venaissin, où ses parens s'étaient retirés pendant les querelles des Guelphes et des Gibelins. Comme il avait peu de fortune, il entra dans l'état ecclésiastique. Nourri de la lecture des écrivains du siècle d'Auguste, il cultiva d'abord les muses latines ; mais l'envie de plaire aux dames lui fit bientôt préférer la langue vulgaire.

Il en était alors des poëtes comme des chevaliers ; il leur fallait une dame

en titre, pour laquelle ils étaient toujours prêts à rompre une lance ou à
faire des vers. Laure de Noves, nou-
vellement mariée à Hugues de Sade,
fut celle que choisit Pétrarque. Elle
avait, lors de leur première entrevue
(à Avignon, le 6 avril 1327), environ
dix-neuf ans.

Sa taille était svelte et légère; sa
démarche céleste : ses traits étaient
fins et réguliers, ses yeux brillans,
ses sourcils noirs et ses cheveux couleur d'or. Quand elle ouvrait la bouche, on n'y voyait que des perles et
des roses. Son teint était animé de ce
coloris que l'art s'efforce en vain d'i-
miter. Elle avait le sein bien fait, de
belles mains, un joli pied. Rien de si
touchant que sa voix, et de si tendre
que son regard, mais en même temps
de si modeste.

Pétrarque, de son côté, avait une

figure aimable, où brillait la fraîcheur
de la jeunesse ; des yeux pétillans, une
physionomie spirituelle , des traits
pleins de noblesse, une taille avanta-
geuse. Ajoutez à cela la parure la plus
élégante.

Laure, flattée des sentimens qu'elle
inspirait, n'en fut que plus attentive
à dissimuler qu'elle les partageait.
Une femme sensible est encore co-
quette. Pour se dérober aux regards,
tout en les attirant, elle ne se montra
plus que voilée.

Cependant Pétrarque se rendait à
toutes les fêtes où il prévoyait rencontrer son amante. Quel plaisir !
quand le hasard la lui faisait apper-
cevoir à la fenêtre ou assise sur une
pierre à côté de sa porte. Un sonnet célébrait de suite une si bonne fortune.

Vaucluse est un séjour où la nature
est plus touchante qu'ailleurs, parce

qu'elle y est plus négligée : Pétrarque le choisit pour y épancher sa sensibilité. Déja la privation de Laure lui devenait plus familière, lorsque celle-ci, qui connaissait le pouvoir de l'absence, fit naître l'occasion de se trouver sur ses pas.

Ainsi attiré quand il fuyait, repoussé quand il voulait s'avancer, cet illustre amant n'obtint d'autre faveur, pendant vingt ans, que quelques paroles tendres, quelques légers soupirs, quelques regards gracieux. La peste lui enleva Laure, en 1348, âgée de 38 ans.

12 (Ce cours si renommé.) Cette promenade, bordée d'édifices de chaque côté, et plantée de quatre rangs d'arbres, a plus de cent cinquante toises de longueur sur quinze de largeur. On y jouit, du côté du midi, d'une magnifique vue sur la cam-

pagne. L'allée du milieu sert de passage aux voitures; et les deux allées
latérales, aux gens de pied. Rien ne
rappelle mieux les vieux boulevards
de Paris. A chaque extrémité de l'allée
où passent les voitures, est une fontaine jaillissante dont les eaux froides
retombent en nappe dans des bassins.
Au milieu de cette allée se trouve une
source d'eau chaude.

13 (Marseille.) Cette ville se di-
vise en vieille ville ou cité, et ville
neuve. La première se présente en
amphithéatre aux vaisseaux qui en-
trent dans le port; mais les rues en
sont étroites, montueuses et formées
de maisons de peu d'apparence.

La ville neuve, bien percée et mieux
bâtie encore, a pour point de commu-
nication avec la vieille une des plus
belles promenades qu'il soit possible
de voir; on la nomme le Cours. Au

milieu sont deux rangs d'arbres ; à certaines distances , des bancs de pierre, et, de chaque côté, des bâtimens symétriques, ornés de colonnes. Vers le milieu, sur les côtés, se trouvent deux fontaines.

— Une des extrémités de cette promenade est suivie d'une rue qui aboutit à la porte d'Aix ; et l'extrémité opposée, d'une place publique, à la suite de laquelle se trouve une très-longue rue qui conduit à la porte de Rome. Ces deux rues et la promenade sont dans un alignement si parfait, qu'on distingue aisément les objets d'une porte à l'autre, quoiqu'il y ait demi-lieue de distance.

Il faut avoir vu ce cours dans l'après-midi d'un jour de fête, pour en connaître le prix. Des beautés parées avec goût y captivent tour-à-tour les regards par l'aisance de leur démarche, l'expression de leur geste et la douceur de leur accent. Par-tout volent les jeux et les ris, par-tout vous respirez un air de fête et de plaisir.

Le matin, c'est un spectacle d'un autre genre. Sous ces vieux ormeaux viennent se ranger avec ordre, mais non sans tumulte, les jardiniers et les bouquetières d'une immense banlieue. De jeunes nymphes, en blancs corsets et en chapeaux gris ornés de rubans, tiennent dans leurs mains des roses de tous les mois, de larges œillets et des touffes de jasmin : celle-ci porte une gerbe de tubéreuses; celle-là vous désole pour acheter ses cassies; un autre vous présente des branches entières d'oranger avec du fruit de deux saisons. Qu'il y a loin de ces exhalaisons balsamiques aux vapeurs qui s'élèvent des marchés de la capitale !

FIN.

ORDRE

Dans lequel doivent être placées les gravures.

TOME PREMIER.

TOME SECOND.